Wilfried Bahnmüller

# Die schönsten Wanderungen in der
# Rhön

Bruckmann

**Tourencharakter:**

● = leicht  ● = mittelschwer  ● = anspruchsvoll

# IM HERZEN DEUTSCHLANDS

D ie Rhön ist ein Mittelgebirge vulkanischen Ursprungs, das bis knapp 1000 m aufsteigt. Sie liegt ziemlich genau in der Mitte der Bundesrepublik; die drei Bundesländer Bayern, Hessen und Thüringen haben daran Anteil.

Die Rhön hat eine Besonderheit, die sie von anderen Mittelgebirgen auszeichnet: Viele Gipfel sind unbewaldet. Das verspricht auf den meisten Wanderungen

**Grenzmarkierung zum Biosphärenreservat**

schöne Fernblicke in alle Richtungen. Im Zentrum des Gebirges liegt der Naturpark Rhön, der 1992 als Biosphärenreservat der UNESCO ausgezeichnet wurde. Führungen und hervorragend beschriftete Lehrpfade geben einen guten Einblick in die seltene Tier- und Pflanzenwelt.

Geologisch besteht die Rhön aus einem großen Sandsteinbuckel, der ursprünglich von Muschelkalk bedeckt war. Vulkane haben die Gesteine an vielen Stellen durchbrochen und große Basaltkegel aufgetürmt, die heute noch die Landschaft bestimmen.

Viele der Rhönorte, die sich »Bad« nennen dürfen, zehren von der Zeit der Vulkane. Ihre meist aus großer Tiefe stammenden Heilwasser sind das letzte aktive Zeichen aus dieser erdgeschichtlichen Epoche.

## ■ Zur Geschichte der Rhön

In den Randgebieten der Rhön konnte man Ackerbau schon für die Steinzeit nachweisen. Erst die Kelten, die das Gebiet ab 500 v. Chr. besiedelt hatten, ließen uns deutlichere Spuren ihres Lebens zurück. Sie

**Gehülfenberg bei Rasdorf, ein Basaltkegel**

beherrschen konnten. Bischof Bonifatius, vom Papst eigens dazu ermächtigt, war dafür ein willkommener Helfer. Um 742 gründete er das Bistum Würzburg, 744 das Bistum Fulda. Beide waren, in moderner Sprache ausgedrückt, Verwaltungszentren für das umgebende Land. Daß man mehr Konkurrent als Freund war, wundert nicht. Mehr als 1000 Jahre lang sollten sich die beiden Bischofsitze über die Herrschaft in der Rhön streiten. Die dritte Partei in diesem Zwist waren die Henneberger, die sich langsam, aber sicher immer mehr Land untertan machten. Ein sehr wesentlicher Einschnitt in der Entwicklung des Landes war der Bauernkrieg im Jahre 1525, der unendlich viel Elend über die Bevölkerung brachte. Die Reformation, die überall dort eingeführt wurde, wo das Land dem Adel unterstand, hatte auf die Wirtschaft wenig Auswirkungen. Der Dreißigjährige Krieg allerdings führte zu einem Niedergang, von dem sich das Innere der Rhön bis in unser Jahrhundert hin nicht mehr richtig erholen sollte. Im Krieg um die Vorherrschaft in Deutschland zwischen Preußen und den vier Königreichen Bayern, Hannover, Sachsen und Württemberg spielten sich die meisten Kämpfe auf dem Gebiet der Rhön ab.

Eine erste Verbesserung ihrer wirtschaftlichen Lage verspürte die Bevölkerung der Rhön, als man allenthalben begann, Eisenbahnen zu bauen. Als Gleisbett brauchte man Basalt, der in der Rhön reichlich vorhanden ist. Überall wurden Steinbrüche erschlossen, eine zusätzliche Verdienstquelle für die Bewohner. Den zweiten, wesentlich größeren Aufschwung brachte der Fremdenverkehr der Nachkriegszeit. Die Rhön bietet ihren Gästen eine unverbrauchte, herrliche Landschaft, weitab von jeder größeren Industrie, und dennoch schnell und bequem zu erreichen.

hatten sich ständig mit den vordringenden Germanen auseinanderzusetzen. Die beeindruckenden Reste ihrer Verteidigungsanlagen können wir allenthalben finden. Letztlich scheint man sich aber doch zu Gunsten der Kelten arrangiert zu haben, denn bis etwa 500 n. Chr. fanden die Spatenforscher kaum germanische, dafür aber um so mehr keltische Relikte.

Um diese Zeit drangen die stark expandierenden Franken in das Gebiet der Rhön ein und teilten es in überschaubare Regionen ein, die sie mit Hilfe der Kirche leicht

# 1 VON HAMMELBURG NACH FEUERTHAL

Hammelburg ist stolz darauf, einen urkundlichen Beleg zu besitzen, der beweist, daß bereits im 8. Jh. an seinen Hügeln Wein angebaut wurde. Unsere Wanderung könnte ein gemütlicher Nachmittagsbummel sein, über Weinberge, Wälder und durch ein stilles Tal, wenn nicht die Wirte in Feuerthal die uralte Winzertradition so ernst nehmen würden. Sie schenken einen so hervorragenden Wein aus, daß die Versuchung groß wird, hier länger als geplant sitzen zu bleiben. Eine Taschenlampe für den Rückweg wäre dann gar keine schlechte Ergänzung zur Wanderausrüstung.

## ⏭ INFO ZUR TOUR

**Ausgangsort:**
Hammelburg, Marktplatz.

**Anfahrt:**
Über die Autobahn A 7, Ausfahrt Hammelburg; Parkplatz auf den Bleichwiesen unterhalb vom Schloß. Der rückwärtige Teil ist für Dauerparker gebührenfrei.

**Tourencharakter:**
Einfache Wanderung; gute Wege.

**Gesamtlänge:** 14 km.

**Reine Gehzeit:** 3½ Std.

**Markierung:** Roter Winkel.

Hammelburg, ehemaliges Schloß

6

Hammelburg, Rathaus und Marktbrunnen

Feuerthal, Pfarrkirche mit Maibaum

## WEINBERGE UND WALDESRUHE

Mit den Hammeln hat unser schönes Städtchen an der Fränkischen Saale nicht viel zu tun. Ursprünglich nannten es die Bewohner hamulo castrum, was soviel heißt wie Burg an einem steilen, abgeschnittenen Hang. Später, als man den Begriff nicht mehr verstand, wurde aus dem hamulo ein normaler Hammel, und aus dem lateinischen castrum ganz richtig eine Burg, also das heutige **Hammelburg.** Allerdings, der Hammel, der kastrierte Widder, hat die gleiche Sprachwurzel, denn auch bei ihm ist ja schließlich etwas abgeschnitten!

Hammelburg war im 8. Jh. ein Krongut, gehörte also direkt dem Kaiser. Das war zu

**Uralte Linde im Rechbachtal**

**Frühlingsanemonen**

**Trollblumenwiese**

jener Zeit Karl der Große, und der hatte Interesse, sein neues Kloster Fulda zu fördern. Also schenkte er ihm reichlich Landbesitz. Mit dabei war auch Hammelburg, das samt seinen Weinbergen auf diese Weise im Jahre 777 zum ersten Mal erwähnt wird. Der Kaiser erbaute am Saaleufer einen Königshof, und die Fuldaer Äbte auf der anderen Flußseite hoch oben am Berg die **Burg Saaleck**. Damit sollte die benachbarte Trimburg unter Kontrolle gehalten werden, die ursprünglich den Grafen von Henneberg, später dann den Würzburger Bischöfen gehörte. 1303 erhielt Hammelburg die Stadtrechte. Am Ende des 14. Jhs. begann man mit dem Bau der katholischen *Stadtpfarrkirche St. Johannes d.T.* Besonders interessant sind die Gewölbemalereien im Chor und im Marienchor aus der Zeit von 1450/60. Eine Madonna aus Stein von 1400, ein Vesperbild von 1490 und eine barocke Maria im Strahlenkranz, die 1720 der Würzburger Schnitzer Jakob van der Auwera geschaffen hat, zählen zu den bedeutendsten Plastiken in dem Gotteshaus.

Das *Rathaus* von Hammelburg entstand 1524/26 in der Übergangzeit von der Gotik zur Renaissance. Seine heutige Form bekam es jedoch erst nach dem großen Stadtbrand von 1854. Damals war Neugotik modern, und so hat man heute das Gefühl, vor einem gotischen Bau zu stehen. Der *Marktbrunnen* von 1541 hat die

**Nebel im Wald bei Feuerthal**

Zeiten weitgehend unverändert überstanden; er präsentiert sich als eines der wenigen Beispiele früher Renaissance in Franken. Die nicht ganz zu den Stilformen passende Bekrönung ist gut 100 Jahre älter. Damit wären wir in der Barockzeit, in der

☞ **AUF EINEN BLICK**

▢ **Gehzeiten:**
Hammelburg – Kanzel (45 Min.) – Feuerthal (1¾ Std.) – Fellahof (2¾ Std.) – Hammelburg (3½ Std.).

▢ **Einkehr:**
Hammelburg, Feuerthal.

▢ **Bademöglichkeit:**
Freibad und Hallenbad im Sportzentrum Hammelburg.

▢ **Sehenswertes:**
Hammelburg: Stadtmuseum Herrenmühle mit Ausstellungen zum Thema »Brot und Wein«. Burg Saaleck, Barockkloster Altstadt, Ruine Trimburg, Erdfunkstelle Fuchsstadt.

▢ **Auskunft:**
Tourist-Information Hammelburg, Kirchgasse 4, 97762 Hammelburg, Tel. 0 97 32/90 21 49, Fax 0 97 32/90 21 84.

▢ **Wanderkarte:**
Topographische Karte 1:50 000 Naturpark Rhön Süd, Fritsch Wanderkarte 1:50 000 Naturpark Rhön.

Fürstabt Adolf von Dalberg 1726–31 das *Rote Schloß* durch seinen Baumeister Galasini errichten ließ. Seinen Namen hat die fürstäbtliche Sommerresidenz von dem roten Sandstein, der beim Bau als Schmuck reichlich Verwendung fand. Heute beherbergt es verschiedene Behörden.

Vom Marktplatz Hammelburgs gehen wir durch die Kissinger Straße, die »Rotes-Kreuz-Straße« und durch den Ofentaler Weg bis zum Krankenhaus. Hinter dem Parkplatz biegen wir rechts in die Straße »Zur Kanzel« ein. Durch die Weinberge mit den alten Flurnamen Gomersberg und Eschental zieht sich unser Weg langsam aufwärts. Kaufen kann man das köstliche Getränk, das hier wächst, unter dem Namen »Hammelburger Heroldsberg«. Im Gewirr der Wirtschaftswege müssen Sie gut auf das Wegzeichen, den roten Winkel, achten. Jede Abzweigung ist deutlich markiert. An einer Weggabelung enden die Weinberge und auch die geteerte

Straße. Durch den Wald erreichen wir die **»Kanzel«**, einen herrlichen Aussichtspunkt auf das Tal der Fränkischen Saale.

Unter uns liegen Westheim und Langendorf, jenseits der Autobahn schaut die Ruine **Trimburg** zu uns herüber, einst der wichtige Vorposten der Würzburger Fürstbischöfe gegen die Äbte von Fulda. Ab hier führt unser Weg durch den Wald. Im späten Frühjahr stehen weiße Anemonen am Wegrand, ganze Matten von leuchtend gelbem Hornklee malen helle Farbtupfer in das Gehölz. An einer Kreuzung, an der mehrere Wege abzweigen, kommen wir an der Ferngasleitung vorbei. Wir wandern geradeaus über die Kreuzung und dann weiter durch den schönen Wald, bis wir wieder an eine große Wegverzweigung kommen, an der zwei Bildstöcke stehen. Einer ist der Muttergottes geweiht, der andere ist ein Gedenkstein aus dem Kriegsjahr 1917.

Beim ersten Bildstock verlassen wir unseren roten Winkel und gehen den kleinen, ganz schmalen Pfad rechts abwärts (Wanderweg »2«). Über die Felder kommen wir direkt nach **Feuerthal**, wo wir uns in einer der Wirtschaften mit einer kräftigen Brotzeit und frischem Wein vom Faß für den Rückweg stärken können. Für die Hammelburger ist diese Wanderung eine alte Tradition. Die Kinder bekommen hier Limonade, die Erwachsenen trinken natürlich einen oder auch mehrere Schoppen. Ist der Wein gut geraten, so nennen sie ihn »Feuerthaler«, sonst heißt er bloß, ein wenig abwertend, »Fürtler«.

Der Rückweg beginnt bei dem prächtigen Fachwerkhaus in der Feuerthaler Straße (Schild »Erdaushubdeponie«), wo die Straße »Zum Unterberg« abbiegt. Über die Weinberglage »Feuerthaler Kreuz« erreichen wir wieder unsere beiden Bild-

stöcke, gehen jetzt aber geradeaus über die Bergkuppe (hier sind Markierungsschilder »2«) in den kleinen Weiler **Seeshof**.

Man könnte schon oberhalb des Weilers in Richtung Hammelburg links abbiegen. Der Weg ist jedoch ziemlich verwachsen und zum Teil feucht, so daß wir die wenig befahrene Teerstraße bevorzugen, die in Seeshof beginnt. Wir wandern an zwei Fischteichen vorbei; vor uns erscheint langsam die **Burg Saaleck**. Bei den Baumschulen um den **Fellahof** biegen wir links zu der riesigen, 500 Jahre alten Linde hin ab. Dort beginnt wieder ein Fußweg, der uns an den alten, aufgelassenen Kalköfen von Hammelburg vorbei zurück in die Stadt führt.

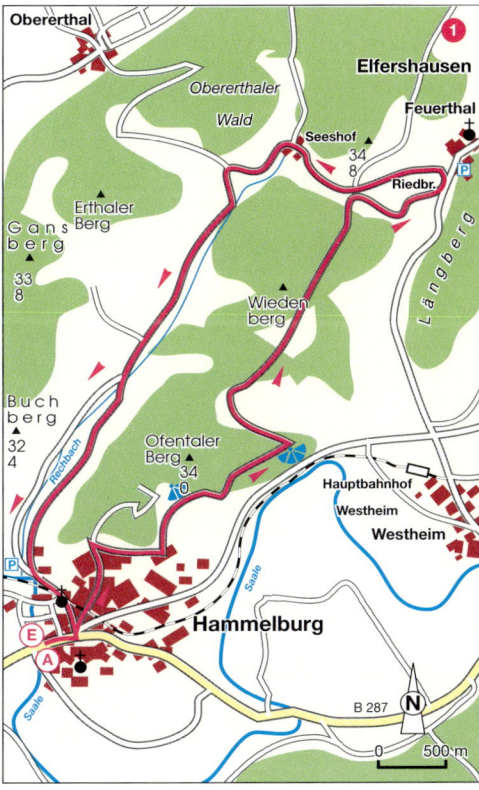

11

# **2** VON BAD KISSINGEN ZUR RUINE AURA

Bad Kissingen ist eine große, bedeutende Kurstadt. Entsprechend belebt sind seine Straßen und Parks, bei einem Kurkonzert hat man Mühe, noch einen Platz zu bekommen. Deshalb möchte man es nicht glauben, wie ruhig die Wälder selbst in der nahen Umgebung sind. Wir wollen es auf unserer Wanderung erleben und erfahren.

### ⭢ INFO ZUR TOUR

**Ausgangsort:**
Bad Kissingen, Kurverwaltung.

**Anfahrt:**
Über die Autobahn A 7, Ausfahrt Bad Kissingen. Parkplätze sind im Ort ausgewiesen.

**Tourencharakter:**
Einfache Wanderung ohne besondere Anforderungen; gute Wege.

**Gesamtlänge:** 15 km.

**Reine Gehzeit:** 4 Std.

**Markierung:** Wegweiser.

Bad Kissingen,
Kurpark und Regentenbau

# VOM KURGARTEN ZUR KLOSTERRUINE

Schlendert man durch **Bad Kissingen** und sieht man sich die hervorragend restaurierten Kurbauten aus dem vergangenen Jahrhundert sowie die zahlreichen Neubauten der letzten Jahre an, so gewinnt man den Eindruck, der Ort wäre erst in jüngerer Zeit entstanden. Doch weit gefehlt; man braucht bloß den Kopf heben: Hoch über der Stadt steht die Ruine der **Burg Bodenlauben**. Sie war eine der Befestigungen, die von den Hennebergern im 12. Jh. gebaut wurden, um dem Expansionsdrang der Würzburger Fürstbischöfe Einhalt zu gebieten.

**Bad Kissingen, Kurpark mit Arkadenbau**

**Bad Kissingen, Marktplatz mit altem Rathaus**

Eine so große Burg wie Bodenlauben hätte isoliert in der Landschaft keinen Sinn gehabt. Die Versorgung und die Unterbringung des Personals wäre viel zu schwierig gewesen. Also gründete man in der Nähe ein Dorf, unser heutiges Bad Kissingen. Für den Ort bedeutete die Burg rasches Wachstum; so müssen wir uns nicht wundern, wenn Kissingen schon 100 Jahre später »Stadt« genannt wurde.

1544 wird Kissingen zum ersten Male als Badeort und Salzquelle erwähnt. Die geistlichen Herren aus Würzburg, die in-

**Aura, Klosterruine**

zwischen die Herrschaft übernommen hatten, entdeckten den Wert der Solequellen. Etwa 200 Jahre später wurde sogar Würzburgs Stararchitekt Balthasar Neumann nach Kissingen beordert, um die Quellen richtig zu fassen.

Den größten Aufschwung brachte das 19. Jahrhundert. Kissingen wurde Modebad, in dem man alljährlich einige Wochen verbringen mußte, wenn man sich zur allerhöchsten Gesellschaft zählte. Bismarck traf sich hier mit Kaisern, Königen und Fürsten, aber auch Künstler und Schriftsteller

**Wichtelhöhlen bei Bad Kissingen**

15

wie Lenbach, Menzel, Rossini, Fontane, Scheffel oder Tolstoi waren hier zu Gast. So nimmt es nicht Wunder, daß ein Groß-teil der öffentlichen Gebäude in dieser Zeit errichtet wurde.

Heute ergänzen moderne Heilmethoden die alten, bewährten Trinkkuren. Sogar für Kinder werden spezielle, auf sie zuge-schnittene Kuraufenthalte geboten. Daß bei einer Kur das gesellschaftliche Leben nicht zu kurz kommen darf, ist alte Tradition. Theater, Musik, Tanz auf höchstem Niveau, Sport und schließlich auch das Spiel im Casino sorgen für ausreichend Abwechs-lung im Kuralltag.

Wir beginnen unsere Wanderung bei der *Kurverwaltung Bad Kissingen* und ge-hen die Kurhausstraße entlang. Auf einem der Stege wechseln wir aufs andere Ufer der Saale und wandern, am Camping-platz vorbei, auf dem Gehweg neben der Euerdorfer Straße bis zum Golfclub. Hinter dem Parkplatz überqueren wir die Fahr-straße und steigen durch das Gebiet der Wichtelhöhlen langsam aufwärts. Die Ero-sion hat am Hang anstehende Sandstein-schichten verschieden schnell ausgewa-schen. Dadurch sind kleine **Höhlen** entstan-den, die in Märchen und Legenden Wich-telmännchen als Bleibe dienten. Oben auf

## ☞ AUF EINEN BLICK

**Gehzeiten:**
Bad Kissingen – Wichtelhöhlen (1 Std.) – Ruine Aura (2 Std.) – Bad Kissingen (4 Std.).

**Einkehr:**
Bad Kissingen und an der Ruine Aura (nur nachmittags geöffnet).

**Camping:**
Bad Kissingen, unter der Südbrücke.

**Bademöglichkeit:**
Bad Kissingen, Terrassen-Freibad und versch. Hallenbäder.

**Sehenswertes:**
Bad Kissingen: Kuranlagen, Wildpark Klaushof, ehem. Bis-marckwohnung in der Oberen Saline, Ruine Bodenlauben. Schloß Aschach mit Museen (ev. Postkutschenfahrt dorthin).

**Auskunft:**
Staatliche Kurverwaltung Bad Kissingen, Am Kurgarten 1, 97688 Bad Kissingen, Tel. 09 71/8 04 80, Fax 09 71/ 80 48 40.

**Wanderkarte:**
Topographische Karte 1:50 000 Naturpark Rhön Süd, Fritsch Wanderkarte 1:50 000 Naturpark Rhön.

## ✎ DER BESONDERE TIP

**Das Gradierwerk**
*Saaleaufwärts, nicht weit vom Stadtzentrum entfernt, steht das letzte Gradierwerk des Saaletales. Es wurde zum Tech-nikdenkmal erklärt. Hier wird auf äußerst energiesparende Weise Salz aus einer aufgedünnten Sole gewonnen. Man pumpt sie über einen hohen Stapel von dünnen Zweigen und läßt sie frei nach unten rieseln. Dadurch verdunstet viel Wasser, die Salzkonzentration steigt entsprechend. Die salz-haltige Luft in der unmittelbaren Nähe ist vor allem für Bronchialkranke ein wichtiges Heilmittel.*

der Höhe steht eine Schutzhütte; ein Weg-weiser führt uns weiter zur **Ruine Aura**. Wir kommen auf eine gut ausgebaute Forststraße. Hier muß man aufpassen, denn nach einiger Zeit gabeln sich die Wege nach Euerdorf und zur Ruine. Wir biegen rechts ab und sofort darauf wieder links, wandern auf schmalem Pfad durch den Wald und sind dann schnell bei den alten Gemäuern der Klosterruine Aura.

In Aura stand zur Zeit Karls des Großen, also um 800, eine Burg. Am Anfang des 12. Jhs. wurde sie dem Kloster Bamberg geschenkt. Bambergs Bischof Otto der Heilige wandelte sie in ein Kloster um. Im Bauernkrieg 1525 und im Markgräflerkrieg 1553 wurde die Abtei zweimal zerstört. Eine wirtschaftliche Erholung schien nicht mehr möglich, deshalb löste man sie auf. Die Klosterkirche wurde zur Pfarrkirche, die

Klostergebäude wurden fast alle abgerissen. Teile des romanischen Kapitelsaales und ein paar Joche des Kreuzganges können noch besichtigt werden. Zu Beginn des 17. Jhs. versuchte man eine Neugründung und begann den Bau einer Klosterkirche außerhalb des Ortes. Es wäre der erste große Barockbau in Franken geworden, aber die Not des Dreißigjährigen Krieges verhinderte die Fertigstellung. Die Kirchenruine kam in Privatbesitz und wurde zeitweise als Steinbruch verwendet. Sie kann wegen Einsturzgefahr innen nicht besichtigt werden – ganz im Gegensatz zum Gasthaus daneben!

Zurück gehen wir auf unserem alten Weg bis zum Wald. Hier biegen wir links ab und wandern ein paar Meter vor dem einzelnen Haus auf einer Forststraße in den Wald hinein. Wir folgen den Schildern »Garitz/Bad Kissingen«. Nach etwa 20 Min. zweigt unser Weg rechts ab, die Straße führt an dieser Stelle ganz leicht aufwärts. Man muß genau schauen, denn die Wegschilder stehen etwas verdeckt! Wir kommen zu einer Wegkapelle mit einer Kreuzigungsgruppe, die dem berühmten Werk von Riemenschneider aus Aub südlich von Würzburg nachempfunden ist. Ein modern gestalteter Kreuzweg führt von **Garitz** hierher. Wir wandern den Stationen entlang und erreichen über einen Parkplatz Garitz, einen Ortsteil von Bad Kissingen. Über die Kirchberg- und Hofmannstraße geht es abwärts; wir überqueren den Kissinger Westring und gehen über die Schönbornstraße in den Ort zurück.

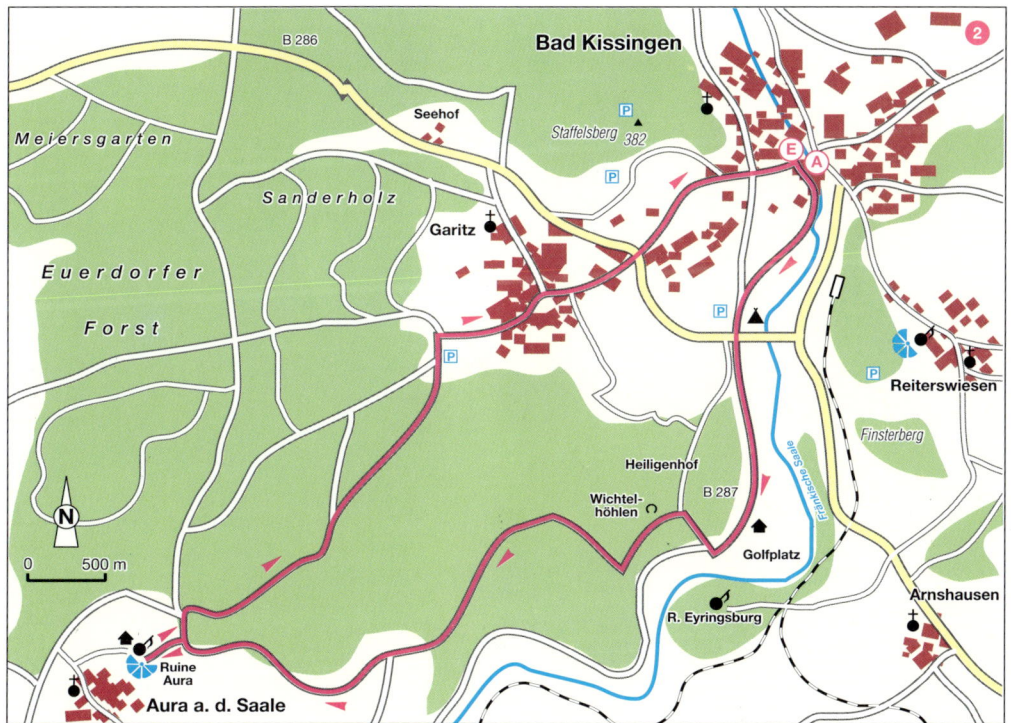

# 3 VON BURKARDROTH NACH FRAUENROTH UND LAUTER

Diese Wanderung beschert uns drei Superlative: Sie erinnert an den Ritter Otto von Bodenlauben, der zu den größten Dichtern des Mittelalters zählt. Sein Hochgrab, auf dem er und seine Gemahlin abgebildet sind, und eine Muttergottesfigur in einem kleinen Dorf am Ende unseres Weges zählen zu den ganz großen Werken der mittelalterlichen Bildhauerei Europas. Wer hätte geglaubt, solche Schätze in der abgelegenen Rhön zu finden?

## ⇒ INFO ZUR TOUR

**Ausgangsort:**
Burkardroth, Marktplatz.

**Anfahrt:**
Autobahn A 7, Ausfahrt Bad Brückenau-Wildflecken; auf der B 286 Richtung Bad Kissingen; hinter Waldfenster nach Burkardroth abbiegen. Parkmöglichkeit am Marktplatz.

**Tourencharakter:**
Ganztagestour, die wegen vieler Hügel etwas Kondition erfordert; gute Wege.

**Gesamtlänge:** 16 km.

**Reine Gehzeit:** 4½ Std.

**Markierung:**
Gelbes Dreieck, schwarzes Dreieck mit Querstrich.

Burkardroth,
Pfarrkirche St. Petrus

# ZUM ALTEN KLOSTER DES MINNESÄNGERS

Vom Marktplatz in **Burkardroth** gehen wir an der Kirche vorbei durch die »Untere Marktstraße«. An der Rechtskurve der Hauptstraße halten wir uns kurz geradeaus, dann steigen wir rechts den Weg »Zur Schustermühle« nach oben und wandern den Hang entlang. Am Ende der Teerstraße führt unser Weg eben bis leicht abwärts weiter. Nach etwa einer halben Stunde stoßen wir auf einen Wanderweg, der vom Tal heraufführt. Ab hier folgen wir dem schwarzen Dreieck mit Querstrich. An blumenbewachsenen Feldrändern und an einem Jägerstand vorbei steigen wir nach oben. Schon nach etwa 300 m treffen wir auf eine Teerstraße, an der rechts eine

△ **Frauenroth, ehemaliges Zisterzienserkloster**

**Zwischen Burkardroth und Frauenroth**

▽ **Frauenroth, Grabmal Ottos von Bodenlauben**

ziemlich dichte Hecke wächst. Nach ca. 100 m hat sie eine deutliche Lücke. Genau hier biegt unser Weg rechts ab und führt zwischen zwei Feldern abwärts zu einer zweiten Hecke. Dort wenden wir uns nochmals nach rechts bis zu einem einzelstehenden Baum. Hier finden wir auch

**Lauter, Lächelnde Madonna**

unsere Markierung wieder und einen Feldweg, auf dem wir nach unten zu einer querlaufenden Feldstraße wandern. Ihr folgen wir nach links bis nach Frauenroth. Wenn Sie diesen Weg nicht finden sollten – es kann sein, daß er wegen veränderter Feldbestellung unpassierbar ist – dann gehen Sie der Teerstraße bis zum Vereinsheim der Kleintierzüchter entlang und von dort

21

auf der Fahrstraße nach Frauenroth zurück. Der Umweg ist nicht sehr groß.

In **Frauenroth** besichtigen wir natürlich die hervorragend restaurierte *Klosterkirche* mit der Grablege des Ritters von Bodenlauben, der einst hoch über Bad Kissingen residierte. Er war Minnesänger und sprach sehr offen über das, was ihn bewegte: *»Dein lieber Mund, Dein Körper weiß und süße, Dein Drücken an die Brust, Deine Umarmung läßt mich hier verweilen, Daß ich noch bei Dir verbleiben müsse ohne der Freuden Verlust! Wenn das geschieht, dann brauchen wir nicht klagen, Deine Minne ist wie eine Zange mir, sie zwingt mich, ich muß zu Dir, gält es mir auch den Leib.«*

Von »prüdem Mittelalter« ist hier gar nichts zu spüren! Wie viele seiner Standesgenossen zog es auch ihn in die Fremde. 1197 schloß er sich dem Kreuzzug Kaiser Heinrichs VI. an. Über 20 Jahre weilte er im Heiligen Land. Dort lernte er auch seine Frau kennen: Beatrix von Courtenais aus Frankreich.

Wenn wir seinen Gedichten Glauben schenken dürfen, war es eine echte Liebesheirat. Nach Hause zurückgekehrt gründeten sie 1231 ein eigenes Kloster, das sie den Zisterzienserinnen übergaben: Frauenroth. Um 1245 ist das gräfliche Ehepaar gestorben. Die Deckplatte des ritterlichen Hochgrabes hat man nach der letzten Restaurierung im Boden eingelassen. Das Kloster wurde 1802 säkularisiert. Was heute noch von ihm übrig blieb, ist bloß mehr ein kläglicher Rest. Den Grundriß der alten Kirche kann man noch an der Pflasterung des Bodens auf der Kirchennordseite erkennen.

Auf der schattigen Kirchenbank vor dem Eingang machen wir vielleicht noch eine

---

### ☞ AUF EINEN BLICK

**Gehzeiten:**
Burkardroth – Frauenroth (1 Std.) – Strahlsbach (2 Std.) – Lauter (2¾ Std.) – Waldfenster (3½ Std.) – Burkardroth (4½ Std.).

**Einkehr:**
In allen Orten am Weg.

**Bademöglichkeit:** Keine.

**Sehenswertes:**
Hutbuche beim Kloster Frauenroth.

**Auskunft:**
Fremdenverkehrs- und Heimatverein e.V., Rhönhallenstr. 26, 97705 Burkardroth, Tel. 0 97 34/6 57.

**Wanderkarte:**
Topographische Karte 1:50 000 Naturpark Rhön Süd, Fritsch Wanderkarte 1:50 000 Naturpark Rhön.

---

kleine Rast und wandern zunächst den selben Weg zurück. An der Stelle, wo wir den Hügel hinabgekommen sind, gehen wir geradeaus weiter und gelangen in einem leichten Bogen zu den Koppeln der **Schmalzmühle**. Natürlich klappert hier kein Mühlrad mehr. Der Besitzer hat sich auf einen anderen interessanten Erwerbszweig verlegt:

Er züchtet in seinen Koppeln Wildschweine, Damwild und, als große Seltenheit in Europa, Zebus. Das sind russische Wildrinder, äußerst anspruchslose Tiere, die sich sogar bei −10°C Frost noch im Freien wohlfühlen. Wir gehen bis zur Teerstraße und etwa 100 m nach rechts. Dort biegt links eine Waldstraße ab; die Markierung ist jetzt wieder unser gelbes Dreieck vom Beginn des Weges. Durch den Wald wandern wir aufwärts nach **Strahlsbach** mit seiner Kirchenburg, die in beherrschender Lage über dem Dorf thront. Die *Kirche St. Oswald* wurde um 1800 erbaut und 1974 modern erweitert. Sie beherbergt einen schönen Rokokoaltar mit bizarren Figuren.

Unser nächstes Ziel ist **Lauter** mit seiner lächelnden Madonna. Dazu müssen wir die Fahrstraße nach oben marschieren und bis zur B 286 laufen. Wir überqueren die Bundesstraße, lassen den Verkehr hinter uns und wandern auf der für den Fahrverkehr gesperrten, alten Ortsverbindungsstraße hinein nach Lauter zur *Pfarrkirche St. Johannes d.T.* Dieses Gotteshaus wurde 1974 neu erbaut; am linken Seitenaltar finden wir die berühmte Marienfigur aus Sandstein. Sie stammt aus den ersten Jahren des 14. Jhs.; der Meister, der sie geschaffen hat, ist unbekannt geblieben. Vermutlich stand sie einst im Kloster Frauenroth. Sie zählt zu den schönsten Bildwerken, die uns aus der Zeit der frühen Gotik erhalten geblieben sind.

Nach dem Besuch bei der Madonna geht es wieder einmal aufwärts. Am Eingang der Kirche vorbei kommen wir über die Brunnen- Graben- und Kohlbergstraße zum Wald. An dessen Rand geht es rechts, dann wandern wir in einem weiten Bogen auf den Ort **Waldfenster** zu. Ein schöner, traubenumwundener Bildstock läßt uns nochmals ein wenig verweilen. Direkt am Ortseingang führt ein Weg schräg abwärts zur B 286. Wir überqueren die Bundesstraße, halten uns rechts unterhalb des Friedhofs und steigen dahinter nochmals aufwärts – garantiert zum letzten Mal! Unser Weg zieht sich über die Felder zum Waldrand. Unter Umgehung der Schranke wandern wir schnurgerade durch den kühlen Wald, selbst wenn der breitere Weg einen anderen Verlauf nimmt. Wir kommen an eine zweite Schranke und wandern dann auf der Teerstraße steil abwärts nach **Burkardroth** zurück.

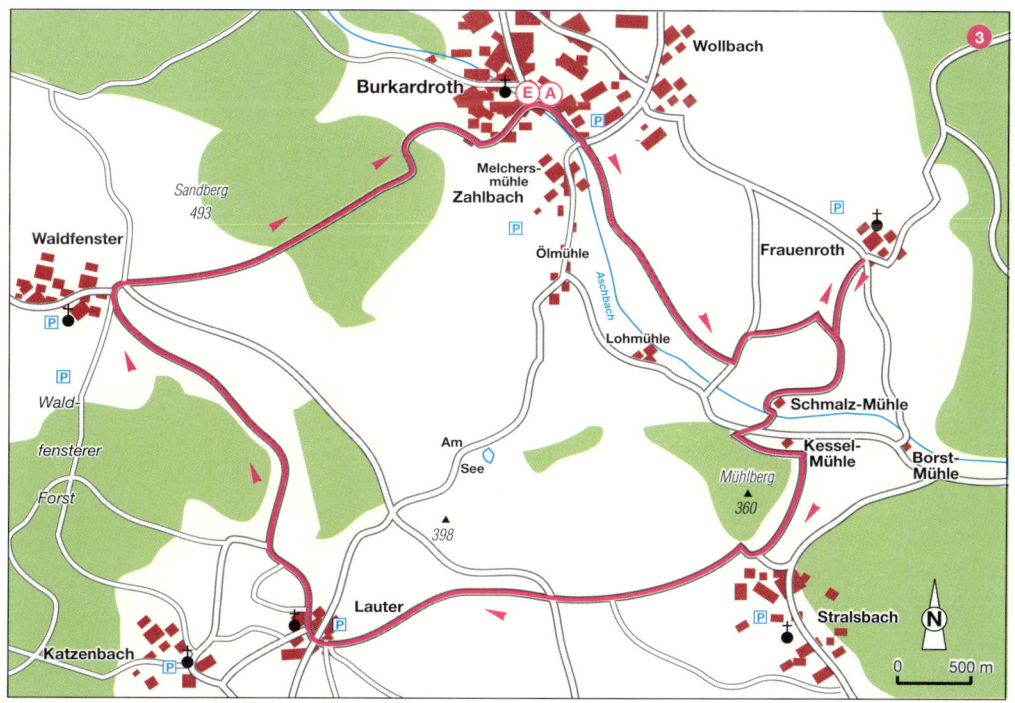

# 4 VON BAD BRÜCKENAU ZUM DREISTELZ

Daß der Dreistelz in längst vergangener Zeit ein Vulkan war, konnten die Menschen früher nicht wissen. Also erfanden sie die schöne Geschichte von den drei stolzen Jungfrauen in der Burg auf dem Gipfel, die jeden Bettler verjagten, bis sie, von Gott bestraft, bei einem fürchterlichen Unwetter im Berg versanken. So soll dieser zu seinem Namen gekommen sein.

## ⚙️ INFO ZUR TOUR

**Ausgangsort:**
Bad Brückenau, Platz an der Ludwigstraße unter der Kirche.

**Anfahrt:**
Von der Autobahn A 7, Ausfahrt Bad Brückenau-Volkers. Parkplätze im Ort und an der Straße zum Staatsbad.

**Tourencharakter:**
Der Hinweg und die Promenaden um das Staatsbad sind hervorragend gepflegt, der Weg vom Dreistelz zum Staatsbad fordert jedoch gutes Schuhwerk. Insgesamt sehr schattig.

**Gesamtlänge:** 13 km.

**Reine Gehzeit:** 3¾ Std.

**Markierung:**
Gelbes Dreieck, gelber Tropfen.

**Vom Dreistelz auf Bad Brückenau**

## STILLE WEGE UM EIN MONDÄNES BAD

Bad **Brückenau** ist einer der wenigen Orte der Rhön, die nicht ständigen Besitzerwechsel ertragen mußten. Schon im 8. Jh. kam die Gegend in die Obhut des Klosters Fulda, bis 1802 sollte es unter geistlicher Herrschaft bleiben. 1747 entdeckte der Leibarzt des Fürstabtes Amandus von Buseck ein paar Kilometer von

△ **Brückenau Staatsbad, Wernazer Quelltempel**
◁ **Bad Brückenau Staatsbad, Fürstenhof**

Brückenau entfernt eine eisenhaltige Heilquelle. Der Badebetrieb konnte beginnen. Den geistlichen Herren scheint die Gegend gefallen zu haben, denn sie erbauten sich hier das Sommerschloß *Fürstenhof*. 1802 wurden sie in Pension geschickt, dafür kamen kurz darauf andere Herrscher. Ludwig I., der bayerische König, begeisterte sich für das Bad, fast jedes Jahr hielt er sich hier zur Kur auf. Natürlich logierte er im vornehmsten Haus, im Schoß Fürsten-

27

hof. Im Schatten der 1000 jährigen Eiche unterhalb des Schlosses soll er sich regelmäßig mit Lola Montez getroffen haben, seiner späten Leidenschaft, die dann der Auslöser für seinen Rücktritt war.

**Bad Brückenau Staatsbad, König-Ludwig-Eiche**

Die Vorliebe des Königs für den Ort hatte einen gewaltigen Bauboom zur Folge. So entstand, etwa drei Kilometer vom ursprünglichen Ort entfernt, das *Staatsbad Brückenau* mit seinem fast einheitlichen Ensemble aus klassizistischen Bauten. Kurz nach dem Tod des Königs brach über den Ort Brückenau eine Katastrophe herein.

## ☞ AUF EINEN BLICK

**Gehzeiten:**
Bad Brückenau – Dreistelz (1 Std.) – Dreistelzberg (1 Std. 20 Min.) – Bad Brückenau Staatsbad (2¾ Std.) – Bad Brückenau (3¾ Std.).

**Einkehr:**
Gasthaus Dreistelzhof, Dreistelz (an Wochenenden Platz zum Mittagessen unbedingt reservieren!), Bad Brückenau und Bad Brückenau Staatsbad.

**Camping:**
In Motten (Richtung Fulda).

**Bademöglichkeit:**
Bad Brückenau: Bewegungsbad im Kurmittelhaus und Hallenbad; Motten: Freibad.

**Sehenswertes:**
Bad Brückenau: Heimatmuseum und Stadtpfarrkirche St. Bartholomäus.

**Auskunft:**
Staatl. Kurverwaltung, Elisabethenhof, 97769 Bad Brückenau, Tel. 0 97 41/8 02 54, Fax 0 97 41/8 02 40.

**Wanderkarte:**
Topographische Karte 1:50 000 Naturpark Rhön Süd, Fritsch Wanderkarte 1:50 000 Naturpark Rhön.

Ein ungeheuerer Stadtbrand vernichtete praktisch alle Häuser. Heute gehört Bad Brückenau zu den großen bayerischen Heilbädern, das Wasser aus seinen Quellen hat inzwischen Weltruf erlangt.

Wir gehen in Bad Brückenau vom Platz unterhalb der Kirche durch die Ludwigstraße zum Rathaus, dann wenden wir uns nach links über die Bahn und wandern, dem gelben Winkel folgend, die Buchwaldstraße aufwärts. Hinter dem Pflegeheim geht es in den Wald. Wir überqueren die B 27 und finden unseren Weg am oberen Ende des Parkplatzes auf der rechten Seite wieder. Er ist zu einer breiten Forststraße geworden, die stetig aufwärts führt. Nach einem zweiten Wanderparkplatz müssen wir für etwa 200 m der Fahrstraße nach **Dreistelz** folgen, bis wir rechts in einen etwas überwachsenen Feldweg einbiegen, der uns geradewegs zum Dorf Dreistelz führt.

Hinter dem Gasthaus entdecken wir unseren gelben Winkel wieder; ziemlich steil müssen wir uns durch den Wald zum Gipfel hinaufplagen. Obwohl die Wipfel der Buchen langsam die Plattform des Aussichtsturms überwuchern, bietet sich ein herrlicher Blick auf die ganze südliche Rhön. Tief unten im Tal sieht man die Gebäude des Staatsbades Brückenau – unser nächstes Ziel.

Für den Rückweg folgen wir der Markierung »Gelber Tropfen«. Manchmal muß man genau schauen, denn die Zeichen sind im Laufe der Zeit etwas blaß geworden. Kräftiges Schuhwerk erweist sich jetzt als notwendig, denn man kann nicht behaupten, daß dieser Weg in der letzten Zeit besonders gepflegt wurde. Am Anfang ist er ziemlich schmal, beim Queren von Forststraßen führt er meist etwas versetzt weiter. Nach einer knappen halben Stunde lassen wir uns von einem Wegweiser »Staatsbad« nicht beirren, sondern folgen nach wie vor unserem »Tropfen«. Wir kommen an einer Bergwiese vorbei und überqueren eine neu gebaute Forststraße. Bei einer Bank und einer Steinsäule halten wir uns leicht rechts und wandern durch den Wald, bis wir auf einem Rastplatz unter einer gewaltigen Buche nochmals Pause machen können. An einer Schonung vorbei geht es nochmals durch den Wald und dann abwärts. Wir überqueren Bahn und Straße und stehen auf den Promenadenwegen des Staatsbades Brückenau.

Der Weiterweg ist einfach: Wir durchqueren die Parkanlagen des Bades und gehen an der kleinen Kirche vorbei auf der orographisch rechten Seite entlang der Sinn nach Bad Brückenau zurück.

## DER BESONDERE TIP

**Die Wallfahrtskirche Volkersberg**
liegt auf einem Basaltkegel dicht an der Autobahnausfahrt Bad Brückenau-Volkers. In einer kurzen Wanderung kann man sie von Bad Brückenau aus erreichen. Wahrscheinlich stand einst an dieser Stelle ein vorchristliches Heiligtum, das von den christlichen Missionaren im Sinne der neuen Lehre einfach umfunktioniert wurde. Das Doppelpatrozinium Hl. Kreuz und St. Michael weist jedenfalls darauf hin. Das zugehörige kleine Kloster wurde von Franziskanermönchen betreut. Der Franziskanerbruder Daniel Hollingshofen hat im 17. Jh. die Pläne für die Kirche gezeichnet. Ihre frühbarocke Ausstattung stammt aus den letzten Jahren des 17. Jhs. Die Altäre sind in lichten Blautönen gehalten; das gibt dem Gotteshaus eine leichte, luftige Atmosphäre. Im Zentrum des Hochaltares befindet sich, dem Hauptpatrozinium entsprechend, eine Kreuzigungsgruppe; Maria Magdalena kniet zu Füßen Jesu, Maria und Johannes hat man seitlich zwischen die beiden gedrehten Säulen gestellt. Sie spielen hier offensichtlich nur mehr eine Nebenrolle. Unter der Empore ist das alte Gnadenbild angebracht, ein spätgotisches Kreuz von 1500. Die ausgebauten ehemaligen Klosterräume dienen heute als Jugendbegegnungsstätte der Diözese Fulda.

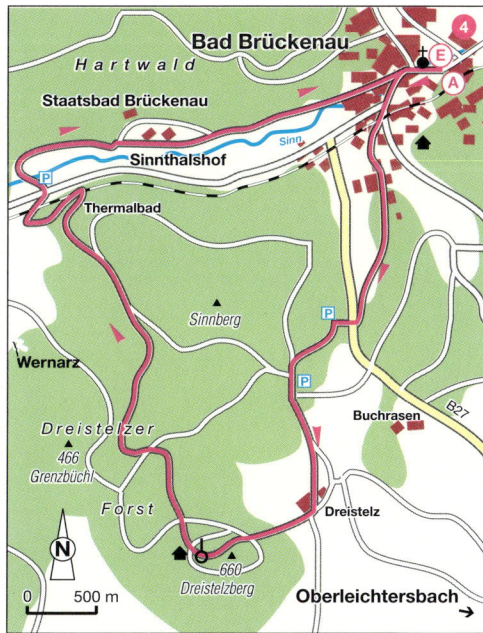

# 5 VON OBER-WEISSENBRUNN AUF DEN KREUZBERG

**Wenn ein Berg so bekannt ist wie der Kreuzberg, dann führen zahlreiche Wege zu dem begehrten Ziel. Wir schlagen eine Wanderung vor, bei der befahrene Straßen weitgehend gemieden werden, die uns trotzdem die volle Schönheit der kargen Rhönlandschaft vor Augen führt.**

## INFO ZUR TOUR

**Ausgangsort:**
Oberweißenbrunn, Skiparkplatz.

**Anfahrt:**
Auf der B 279 von Fulda über Gersfeld Richtung Bischofsheim. Etwa 500 m östlich von Oberweißenbrunn zweigt eine ungeteerte Straße zum Parkplatz ab. Sie ist an der Abzweigung mit dem Schild »Sammelplatz der Skischule« gekennzeichnet.

**Tourencharakter:**
Anspruchsvolle Wanderung; die zum Teil steinigen Wege fordern kräftiges Schuhwerk; nur teilweise im Schatten.

**Gesamtlänge:** 13 km.

**Reine Gehzeit:** 4½ Std.

**Markierung:**
Ist so vielfältig, daß wir auf Angaben verzichten.

Kreuzberg,
Gipfelkreuz des J. Echter

31

# DREI KREUZE
# UND EIN BIERGARTEN

A m linken Rand der Skiabfahrt steigen wir aufwärts, halten uns dann, dem Wegweiser folgend, links und queren einen Skilift. Unter uns hört man den Verkehr der Kreuzbergstraße mehr als man ihn sieht. Parallel über der Straße führt unser Weg am Osthang des *Arnsberges* zuerst durch lichten Wald, dann über offene Wiesen mit einzelnen Wacholderbäumen direkt auf eine Straßengabel zu, an der

△ **Wetterwolken am Arnsberg**

**Bildstock und Kapelle am Arnsberg**

die Straße nach Oberwildflecken von der Kreuzbergstraße abzweigt. Ein *Sandsteinbildstock* von 1748 und die kleine Kapelle mit einer Pietà erinnern uns daran, daß wir auf einem der alten Pilgerpfade unterwegs sind, die von allen Seiten auf den heiligen Berg der Franken führen. Wir überqueren die Straße und gehen unterhalb der Kreuz-

bergstraße zum Waldrand. Ein Abstecher nach links zu den drei großen Steinkreuzen lohnt sich der schönen Sicht auf *Bischofsheim* und auf das Tal der Brend wegen. Durch lichten Buchenwald kommen wir am Parkplatz vorbei zum Kloster.

▽ **Aufgang zur Burgruine Osterberg**

**Kreuzberg, Hl. Kilian von L. Brühner**

Historiker vermuten, daß der **Kreuzberg** schon in vorchristlicher Zeit besiedelt war. Seit 1400 ist ein Kreuz am Berg das Ziel von Wallfahrern. Zum Blühen brachte die Wallfahrt der berühmte Würzburger Bischof Julius Echter, der 1582 das Kruzifix durch *drei steinerne Kreuze* ersetzen ließ und gleichzeitig Franziskanern die Wallfahrtsseelsorge übergab. Das *Kloster* wuchs, ein Bau folgte dem anderen, immer mehr Wallfahrer pilgerten zum heiligen Berg. In der Säkularisation wurde die Wallfahrt aufgehoben. Schon 1815, als Würzburg zu Bayern kam, wurde das Verbot langsam gelockert und die Wallfahrt neu belebt.

33

Die *Kreuzberger Kirche* ist ein einfacher Saalbau. Der Hochaltar birgt als Gnadenbild eine Kreuzigungsgruppe von 1692. Vor dem Kloster werden die Wanderer von einer großen Steinfigur des *hl. Kilian* begrüßt, die 1989 von Lothar Brühner geschaffen wurde.

**Kreuzberg, Biergarten vor dem Kloster**

Ein für uns wichtiges Datum der Klostergeschichte ist 1731: In diesem Jahr bekamen die Franziskaner die Brauerlaubnis. Wie es gute klösterliche Tradition war, kam das Bier nicht nur den Klosterinsassen zugute, sondern allen Besuchern des heiligen Berges. Das ist bis heute so geblieben. Das Klosterbier hat einen Namen, der weit über die Rhön hinaus bekannt wurde. Das *Klosterbräustüberl* und im Sommer der riesige Biergarten erfreuen sich nicht zuletzt auch wegen des preiswerten Essens eines gewaltigen Zuspruchs.

Nach den geistigen und leiblichen Genüssen steigen wir die Treppenanlage zu den berühmten drei Kreuzen hinauf. Etwas enttäuschend, aber wahr: es sind nicht mehr die Originale des Julius Echter, sondern aus Kunststoff nachgebildete Figuren.

Man mußte zu dieser Notlösung greifen: Wind und Wetter hätten die alten Holzfiguren unwiederbringlich zerstört. Der Blick mit den Kreuzen in die Hochrhön gehört zu den berühmten, millionenfach fotografierten Motiven Frankens. Der Sendemast des Bayerischen Rundfunks im Hintergrund ist zwar weniger schön, aber in der heutigen Zeit wohl auch eine Notwendigkeit.

Vom Gipfel gehen wir auf einem der vielen ausgetretenen Wege nach Nordosten, bis wir auf den mit »1« oder »3« bezeichneten Weg zum **Neustädter Haus** kommen. Am einfachsten findet man ihn, wenn man die Bergstation des 3-Tannen-Skiliftes anpeilt; dort führt er in östlicher Richtung vorbei. Im Wald, nicht weit vom Lift entfernt, weist ein blauer Pfeil nach links unten. Der gehört zur Skiabfahrt! Wir lassen uns von dem Pfeil nicht vom rechten Weg abbringen, sondern wandern im Wald leicht abwärts bis zum Neustädter Haus. Dort können wir uns rasch einen Kaffee genehmigen, denn der Rückmarsch wird noch ganz schön Zeit in Anspruch nehmen.

Wir folgen dem Schild »Haselbach« und wandern durch den schattigen Wald zur Talstation des *3-Tannen-Liftes*. Wir wenden uns nach links, durchqueren die Ferienanlage »Rhön Häuser« und müssen nochmals kurz ansteigen. Das dauert aber höchstens fünf Minuten, dann geht es im Wald ziemlich eben weiter. An einem Bildstock kreuzt von links oben ein Weg. Wir gehen geradeaus, kommen am Caritas-Heim Rhön und an einer Skischanze vorbei zur alten, nicht mehr befahrenen Kreuzbergstraße. Hier wenden wir uns zuerst zurück in Richtung Haselbach und folgen schließlich dem Wegweiser zur **Ruine Osterburg**, die wir nach Überqueren der Kreuzbergautostraße erreichen.

## ☞ AUF EINEN BLICK

**Gehzeiten:**
Oberweißenbrunn – Arnsberg (30 Min.) – Kreuzberg, Kreuze (1¾ Std.) – Neustädter Haus (2½ Std.) – Haselbach (3 Std.) – Osterburg (4 Std.) – Oberweißenbrunn (4½ Std.).

**Einkehr:**
Gasthof der Franziskaner am Kreuzberg, Neustädter Haus.

**Camping:**
Bischofsheim.

**Bademöglichkeit:**
Bischofsheim, Freibad; Haselbach, Hallenbad.

**Sehenswertes:**
Bischofsheim: Besichtigung der Fachschule für Bildhauerei, Hobbyschnitzkurse möglich (über Verkehrsamt).

**Auskunft:**
Verkehrsamt, Kirchplatz 5, 97653 Bischofsheim, Tel. 0 97 72/14 52, Fax. 0 97 72-10 54.

**Wanderkarte:**
Topographische Karte 1:50 000 Naturpark Rhön Süd, Fritsch Wanderkarte 1:50 000 Naturpark Rhön.

1897 entdeckte ein Förster zufällig die Mauerreste der Osterburg, als er eine Waldstraße bauen ließ. Sie stammen aus dem Jahr 1200. Mit dieser Burg sollte die Verbindungsstraße von Fulda in das Grabfeld kontrolliert werden. Bereits 70 Jahre später wurde sie aber völlig zerstört und nie wieder aufgebaut. Übriggeblieben sind lediglich ein Turmrest mit Tor und einige Grundmauern; dennoch: es ist ein Platz, an dem man wunderschön Brotzeit machen kann.

Der restliche Weg ist sehr einfach: Wir gehen zur Straße zurück und auf ihr etwa 100 m nach rechts bis zum Wanderparkplatz. Von dort kommen wir über die Parkplätze des Arnsbergliftes rasch zu unserem Lifthang, über den wir ganz zu Beginn der Wanderung angestiegen sind, und erreichen so unser Fahrzeug.

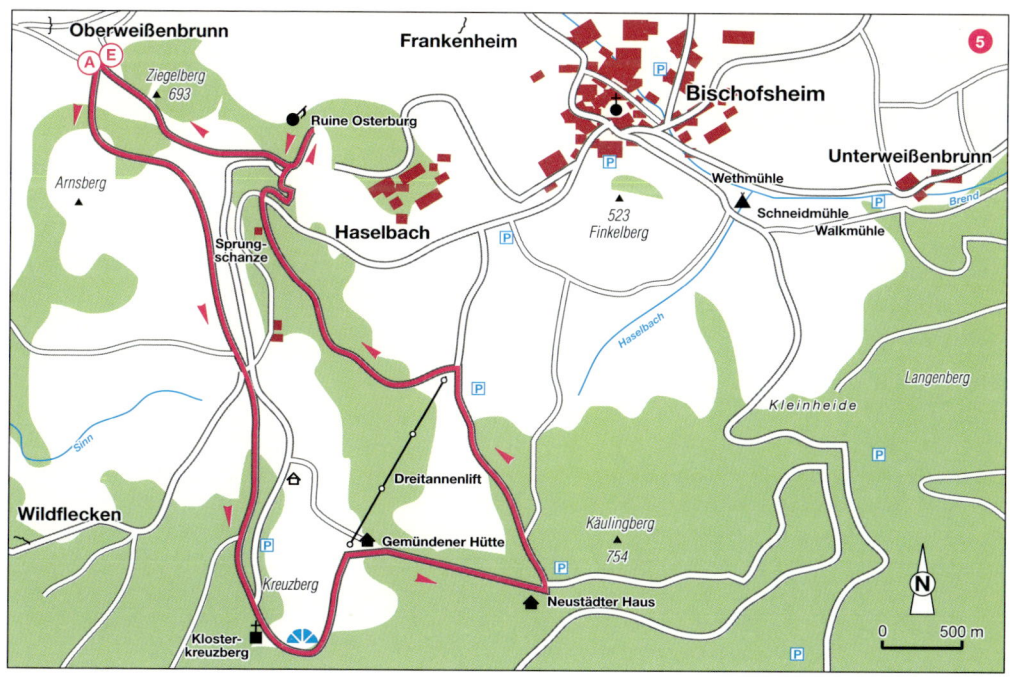

# 6 VON BAD NEUSTADT NACH MARIA BILD-HAUSEN

Das alte Zisterzienserkloster der Maria Bildhausen war viele Jahrhunderte lang das geistige Zentrum des Landes um Bad Neustadt, bis es in der Säkularisation aufgelöst und fast völlig zerstört wurde. Heute mühen sich in den vom Abriß verschont gebliebenen Gebäuden Klosterschwestern, Behinderten ein menschengerechtes Leben zu ermöglichen.

## ▥➡ INFO ZUR TOUR

**Ausgangsort:**
Bad Neustadt.

**Anfahrt:**
Über die Bundesstraße B 19 von Schweinfurt oder von Meiningen. Parkplatz am Busbahnhof.

**Tourencharakter:**
Ausgedehnte Wanderung auf durchwegs guten Wegen, teilweise im Schatten.

**Gesamtlänge:** 24 km.

**Reine Gehzeit:** 6½ Std.

**Markierung:** »2« und »4«.

Maria Bildhausen,
ehemaliges Zisterzienserkloster

36

# VON DER KAISERRESIDENZ ZUM KLOSTERHOF

Kaiser Karl d. Gr. war der erste, der in seinem Reich systematisch feste Stützpunkte bauen ließ, um überall Hof halten zu können. Eine dieser Anlagen hieß ganz kurz und einfach »Salz«, denn in seiner Nähe traten salzhaltige Quellen zu Tage. Wahrscheinlich war sie auf dem Hügel zwischen fränkischer Saale und Brend gelegen, dort, wo sich heute die **Altstadt von Bad Neustadt** befindet. Im 13. Jh. bekam dieser Ort die Stadtrechte. Die noch gut erhaltene *Stadtmauer* und die Anlage des großen Marktplatzes stammen aus dieser Zeit. Die Bischöfe von Würzburg erbauten am gegenüberliegenden Saaleufer die *Salzburg*. Sie war so groß, daß sie von mehreren Adelsgeschlechtern zugleich bewohnt werden konnte.

△ **Bildsäule zw. Rheinfeldhof und Strahlungen**
**Bad Neustadt, Marktplatz** ▷

38

**Maria Bildhausen, romanischer Torbau**

Unterhalb der Salzburg hatte man im 18. Jh. das *Rokokoschloß Neuhaus* erbaut. Die Heilquellen, die hier seit Jahrhunderten aus dem Boden strömen, werden seit dem 19. Jh. zu Heilzwecken genutzt; es entstand **Bad Neuhaus**, das Schloß wurde zum Kurgebäude.

Auf dem Fußgängerweg wandern wir über die **Fränkische Saale** und begeben uns unter der Fahrstraße hindurch in das Kurviertel von Bad Neuhaus. Im Ort nehmen wir die erste Straße links, gehen am Kurhaus vorbei und kurz danach auf einem Fußweg rechts aufwärts zur **Salzburg**.

Durch das gewaltige Tor im Nordosten der Mauer kann man den Burghof betreten und bekommt das Gefühl, in einer kleinen Stadt zu stehen, so groß ist die Anlage. Die Burg ist der Wohnsitz der Familie von und zu Guttenberg, die das ganze Kurbad

39

privatwirtschaftlich mit großem Erfolg betreibt. Die Festung kann daher innen nicht besichtigt werden. Im Hof steht eine kleine, dem hl. Bonifatius geweihte Kirche.

Von der Burg wandern wir auf der Burgstraße an den Kliniken vorbei zum Ortsteil Herschfeld. In der Kirchstraße gehen wir noch ein paar Meter zur Fatimakapelle abwärts und biegen dann in spitzem Winkel in die Liebenthaler Straße ab. Nun begleitet uns die Wegmarkierung »2«. Nach dem Kinderspielplatz ist die Straße für den öffentlichen Fahrverkehr gesperrt; so wandern wir ruhig bis Rödelmaier. Der Name bedeutet »Ort an der Rodungsquelle«. Das *Schloß* neben der Kirche gehörte den Rittern Voit von Salzburg. Heute dient es den Karmelitinnen als Kloster.

Am südlichen Ortsrand geht es weiter. Ein Stück müssen wir auf der Fahrstraße nach Reinfeldhof verbleiben. Kurz vor dem Baum an der Kuppe verläßt uns der Weg »2«. Wir wandern auf der Straße bis zu einer Baumgruppe an einem Parkplatz, unter der wir ein Kreuz und zwei schöne Bildstöcke finden. Nachdem wir Straßen möglichst meiden, nehmen wir den Feldweg geradeaus bis zum Waldrand, biegen dort links ab und kommen so wieder auf die Teerstraße, auf der wir lediglich noch ca. 100 m nach rechts zum *Wanderparkplatz »Kälberaspe«* gehen müssen. Ab hier bis zum Ende unserer Wanderung gilt die Wegmarkierung »4«. Auf der Forststraße geht es jetzt durch den Wald. Bei Wegkreuzungen wählen wir stets den mittleren Weg. Nach einer knappen dreiviertel Stunde kommen wir zu einem *Gedenkstein.* Er erzählt uns vom Schicksal von 125 Soldaten, die in den Jahren 1795–96 in Maria Bildhausen verstorben sind, als das Kloster Verwundete aus den Kriegen mit Frankreich aufgenommen hatte.

## ☞ AUF EINEN BLICK

**Gehzeiten:**
Bad Neustadt – Bad Neuhaus (15 Min.) – Rödelmaier (1½ Std.) – Maria Bildhausen (3½ Std.) – Salz (5½ Std.) – Bad Neustadt (6½ Std.).

**Einkehr:**
Gaststätten in allen Orten am Weg.

**Bademöglichkeit:**
Bad Neustadt, Hallenfreibad und Solehallenwellenbad.

**Sehenswertes:**
Brendlorenzen, Karolingische Königskirche.
Bad Neustadt, Karmelitenkloster am Rathaus und Schloß Neuhaus.

**Auskunft:**
Kurverwaltung, Löhriether Str. 2, 97616 Bad Neustadt, Tel. 0 97 71/9 09 83, Fax 0 97 71/99 11 58.

**Wanderkarte:**
Fritsch Wanderkarte 1:50 000 Naturpark Rhön.

Hier biegen wir rechts ab, wandern noch ein Stück durch den Wald und dann über den Golfplatz zum ehemaligen *Gut Rindhof.* Wir hoffen, daß dieser Weg auf die Dauer geöffnet bleibt, denn vom Gut aus kann man auf dem schönen, von Bäumen und Bildstöcken gesäumten Klosterweg nach Maria Bildhausen wandern. Wir erreichen das Kloster auf einer Anhöhe im Osten. Von hier bietet sich der beste Blick auf die weitverzweigten Anlagen. Sie sind öffentlich zugänglich; so gehen wir durch die Schranke in das Kloster hinein. Der Name der Stätte kommt nicht von einem Bild, einem Gnadenbild etwa, wie man meinen könnte, sondern von der Schutzpatronin, der hl. Bilhildis. Die kleine Klosterwirtschaft lädt zu einer guten Brotzeit oder zum Mittagessen ein.

Durch das *spätromanische Torhaus* verlassen wir den klösterlichen Bezirk, überqueren die Straße und gehen zum Wald hinauf. Unsere Wegmarkierung ist weiter die »4«. Unmittelbar am Waldrand biegt der Weg zuerst rechts, dann sofort links ab und führt lange durch den Staatsforst. Eine Forststraße überqueren wir leicht rechtsversetzt, auf der Lichtung ein Stück weiter gehen wir rechts am Waldrand nach unten zu einer weiteren Forststraße, der wir nach links hin folgen. Etwa einen Kilometer nach der Lichtung muß man aufpassen: unser Wanderweg zweigt nach rechts ab. Die Stelle ist aber gut markiert. Bei einem *Bildstock* von 1744 kommen wir an die Straße Strahlungen – Rheinfeldhof. Wir kreuzen sie ca. 60 m nach links versetzt, gehen zum Waldrand und an ihm entlang bis zur nächsten Feldstraße. Diese führt leicht abwärts, wir durchqueren schräg eine Buschreihe und wandern bis zum nächsten Wald. Hier geht es rechts entlang, dann

nach unten zur Teerstraße, dort wieder links und kurz darauf nochmals rechts. Jetzt kann man nicht mehr fehlgehen. Der Weg führt am *Sportflugplatz* vorbei direkt in die Ortschaft **Salz**.

Hier stehen wir auf historischem Boden, wenn auch nicht mehr viel davon sichtbar ist. Selbst der alt-ehrwürdigen *Linde* vor der Kirche wird »nur« ein Alter von 400 Jahren zugeschrieben. Der Sage nach hat im Jahre 802 unter der Linde (dem Vorgängerbaum natürlich) Kaiser Karl d. Gr. mit den Sachsen Frieden geschlossen.

Wir wandern durch die Kirchgasse, am Ende rechts und sofort wieder links zum Lindenweg. Durch die Baumallee geht es auf die Saalebrücke zu und von dort zurück zum Auto.

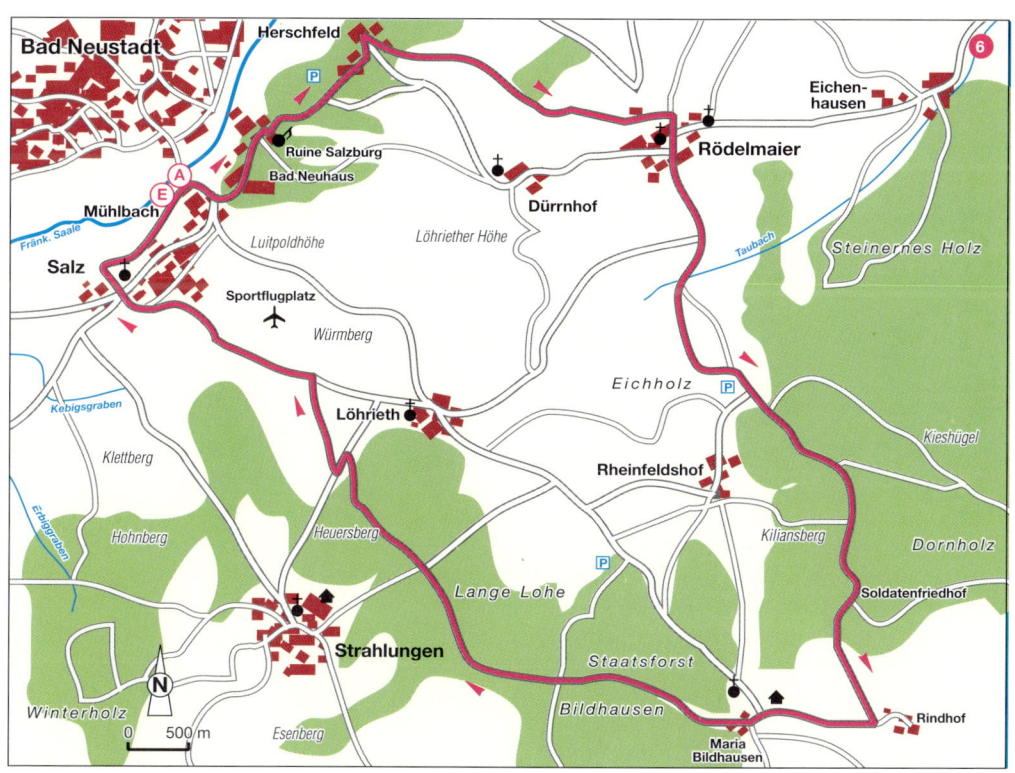

41

# 7 VON DER KASKADEN-SCHLUCHT ZUM HEIDELSTEIN

Bei dieser Wanderung berühren wir zwei der interessantesten Orte der Rhön: Das Rote Moor mit seiner einzigartigen Vegetation, das im letzten Augenblick vor der völligen Zerstörung gerettet wurde, und den Heidelstein, der uns in die kahle Landschaft der Hochrhön blicken läßt wie kein anderer Gipfel. Sein hoher Sendemast macht ihn zur Landmarke, von allen Richtungen aus kann man ihn gut erkennen.

## ⫸ INFO ZUR TOUR

**Ausgangsort:**
Wanderparkplatz »Kaskadenschlucht« bei Sandberg.

**Anfahrt:**
Mit dem Auto von Gersfeld aus auf der B 284 zunächst knapp 2 km in Richtung Wasserkuppe, rechts nach Sandberg abbiegen. Am höchsten Punkt des Dorfes dem Schild »Wanderparkplatz« (an einer Scheune) folgen.

**Tourencharakter:**
Einfache, aber gute Waldwege; größtenteils Schatten.

**Gesamtlänge:** 13,5 km.

**Reine Gehzeit:** 4½ Std.

**Markierung:**
Ist so vielfältig, daß wir auf Angaben verzichten.

Rotes Moor bei Gersfeld

**Vom Roten Moor zu den Hügeln um Wildflecken**

**Verblühte Weidenröschen am Heidelstein**

## STILLES MOOR
## UND WEITE SICHT

Vom Parkplatz »*Kaskadenschlucht*« wandern wir durch den Laubwald am Feldbach aufwärts. Der tief-dunkelrote Sandstein, der an den Hängen der Schlucht zu Tage tritt, läßt das Wasser von einer Steinterrasse zur anderen fließen. Diese Kaskaden haben der Schlucht ihren Namen gegeben. Nach einer viertel Stunde gabelt sich der Weg. Wir folgen dem Schild »Rotes Moor«, wenden uns nach rechts und steigen langsam aufwärts, bis wir zur Forststraße kommen, die das Rote

**Bohlenpfad im Roten Moor**

△ **Herbst im Roten Moor**

Moor im Westen begrenzt. Schräg gegenüber taucht schon unser Wanderziel, der **Heidelstein** auf. Durch seinen riesigen Fernsehmasten ist er unverkennbar.

Doch zunächst wollen wir uns das Moor ansehen. Wir marschieren links etwa 500 m die Straße entlang und dann auf dem beschilderten Weg in das **Rote Moor** hinein. Der kleine *Aussichtsturm* bietet einen guten Überblick über das streng geschützte Gebiet.

Das Rote Moor war bis in das 16. Jh. von jeglicher Kultivierung unberührt. Allerdings muß es zu dieser Zeit ziemlich stark ausgetrocknet gewesen sein, denn im heißen Sommer 1540 brannte es vier Wochen lang lichterloh. Diese Katastrophe

**Am Weg vom Roten Moor zur Kaskadenschlucht**

45

war eine Rodung, die niemand erwartet hatte. Natürlich nutzte der Grundherr, die Familie Ebersberg, diese Gelegenheit und erlaubte Bauern, das abgebrannte Moor zu besiedeln. Doch man wußte damals nicht, daß man ein solches Moorgebiet erst lange kultivieren muß, ehe es zum fruchtbaren Ackerland wird. Die Siedler konnten kaum das erwirtschaften, was sie für das eigene Leben brauchten, geschwei-

## ☞ AUF EINEN BLICK

🟠 **Gehzeiten:**
Kaskadenschlucht – Rotes Moor (1 Std.) – Heidelstein, Gedenkstätte Rhönklub (2¼ Std.) – Rotes Moor (3½ Std.) – Kaskadenschlucht (4¾ Std.).

🟠 **Einkehr:** Keine.

🟠 **Camping:**
Schachen über Gersfeld.

🟠 **Bademöglichkeit:** Gersfeld, Freibad.

🟠 **Sehenswertes:**
Gersfeld, Barockkirche, Schlösser im Park, Heimatmuseum. Wachtküppel (Basaltkegel) und Ruine Ebersburg. Wildpark Ehrengrund.

🟠 **Auskunft:**
Städt. Kurverwaltung, Brückenstr. 1, 36129 Gersfeld, Tel. 0 66 54/17 80, Fax 0 66 54/83 21.

🟠 **Wanderkarte:**
Topographische Karte 1:50 000 Naturpark Rhön Nord, Fritsch Wanderkarte 1:50 000 Naturpark Rhön.

**Kaskadenschlucht bei Gersfeld**

ge denn ausreichend Abgaben an die Obrigkeit leisten. Der Dreißigjährige Krieg machte dann jedenfalls dem Experiment ein Ende. Das Dorf der Siedler, *Rotenmoor* genannt, verfiel, es wurde vom Wald überwachsen. Erst in den letzten Jahren wurde der alte *Dorfbrunnen* durch die Naturparkverwaltung wieder ausgegraben. Vom Parkplatz Moordorf ist die Stelle auf einem kurzen Fußweg zu erreichen.

Zu Beginn des 19. Jhs. entdeckte man die alte Moorbadekultur neu. Allenthalben entstanden in der Nähe von Mooren Heilbäder, in denen man seine Krankheiten kurieren konnte. So begann man auch aus

dem Roten Moor Torf zu Badezwecken zu entnehmen. Das geschah ursprünglich von Hand, die Mengen waren nicht sehr bedeutend. Als jedoch Bagger eingesetzt wurden und die jährliche Abbaumenge bis auf 18 000 Tonnen stieg, wäre das Rote Moor fast vernichtet worden. Nach Auslaufen der Abbaugenehmigung 1984 wurde deshalb das gesamte Gebiet unter Naturschutz gestellt. Durch landschaftserhaltende Maßnahmen ist es inzwischen gelungen, die einzigartige Moorvegetation zu retten.

Wir können die Tier- und Pflanzenwelt links und rechts vom Bohlenpfad beobachten: Am auffälligsten sind wohl die Stämme der *Karpatenbirken* mit ihren skurrilen Wuchsformen und die vielen Kleinseggensümpfe, die seltene Libellen anlocken und allerlei Niederwild Unterschlupf bieten. Bekassinen und Birkhühner, das Braunkehlchen, Neuntöter und Wiesenpiper haben hier wieder eine Heimat gefunden.

Der Bohlenweg führt ungefähr parallel zur Fahrstraße durch das Moor. Am Ende des Weges wenden wir uns bei der Schutzhütte nach links, bewundern den stillen Moorsee, der im Rahmen der Renaturierung aufgestaut wurde, um das zu trocken gewordene Moor wieder zu nässen, und queren die B 278 am Parkplatz Moordorf. Unser Weg führt schnurgerade über den Parkplatz und in gleicher Richtung in den Wald. Im Sommer begleiten uns links und rechts die zahlreichen Weidenröschen, die sich im späten Herbst in eine Vielzahl silbriger Flocken verwandeln. Schnell haben wir den Waldrand erreicht. Vor uns sticht vom flachen Gipfel des Heidelstein über der für die Rhön so typischen Wiesenvegetation der 218 m hohe Sendemast der Telekom in den Himmel. Die Aussicht hier oben ist großartiger als von der zwar höheren, aber hoffnungslos verbauten Wasserkuppe. Der Blick schweift über die weiten Matten der Langen Rhön, auf den Gangolfsberg, die Rother Kuppe, auf den Hohen Denschberg und auf die weiten Wälder nördlich von Bischofsheim.

Wir umrunden die Sendeanlagen und nehmen dabei die Warnung vor Eisschlag vor allem in der Zeit vom späten Herbst bis zum Frühjahr ernst. Angesichts der Höhe des Mastens ist es durchaus möglich, daß sich ganz oben Eis gebildet hat. Man sieht es von unten nicht! Hinter den Sendeanlagen marschieren wir geradeaus dem Waldrand entlang bis zur Gedenkstätte des Rhönklubs für seine verstorbenen Mitglieder.

Nach einer ausgiebigen Rast wandern wir zunächst auf dem gleichen Weg zur Schutzhütte am Roten Moor zurück. Wir überqueren die Forststraße und gehen durch den Wald leicht abwärts in Richtung Gersfeld bis zu einer weiteren Straße. Hier blicken wir über den Rand eines riesigen aufgelassenen Basaltsteinbruchs in das Tal von *Gersfeld* und auf die Berge um Wildflecken. (Vorsicht: Absturzgefahr!). Dieser Straße folgen wir nach rechts. Nach einer Serpentine, etwa dort, wo die Asphaltierung einsetzt, wenden uns erneut nach rechts und marschieren einer großen Weide entlang abwärts. Der Weg wird immer besser, wir folgen ihm bis zum Wald. Wenn die ersten Häuser von **Sandberg** in Sicht kommen, bleiben wir am Waldrand (die Straße und der markierte Weg Richtung Gersfeld wenden sich nach links); nach etwa 500 m taucht unser Wanderparkplatz vor uns auf.

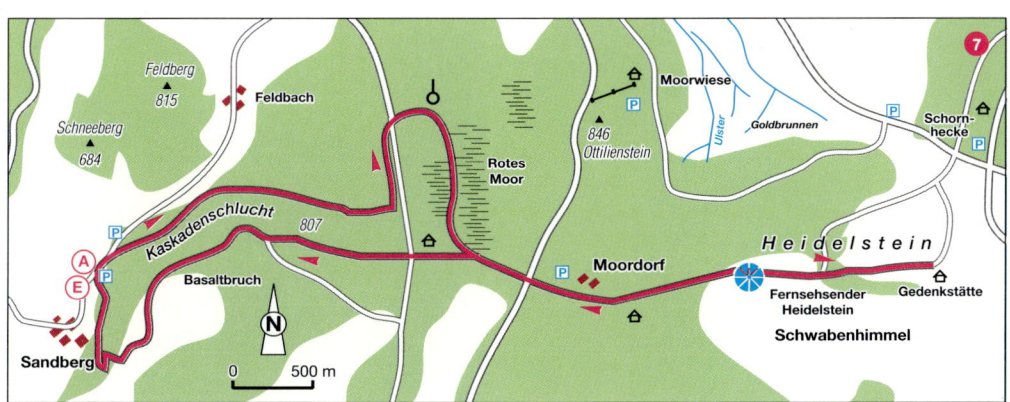

# 8 VOM GUCKAI-SEE ZUR WASSERKUPPE

Auf der Wasserkuppe wurde in der Zeit nach dem Ersten Weltkrieg der Segelflug zur Perfektion entwickelt. Das Flugzentrum auf dem flachen Gipfel hat den Berg weltberühmt gemacht. Heute muß es seinen Platz mit riesengroßen Radaranlagen der Bundeswehr teilen. Die Schaulustigen drängen sich dicht um die beiden Flugplätze und am Gipfelrundweg. Dennoch gibt es interessante und ruhige Wege auf diesen Berg.

## ▥➡ INFO ZUR TOUR

**Ausgangsort:** Guckaisee.

**Anfahrt:**
In Gersfeld von der B 279 Richtung Poppenhausen abbiegen; bei Schwarzerden zum Erholungsgebiet Guckaisee auffahren. Parkplätze vor dem See.

**Tourencharakter:**
An- und Abstieg steinig, sonst gepflegte Wege; wenig Schatten.

**Gesamtlänge:** 8 km.

**Reine Gehzeit:** 2¾ Std.

**Markierung:** Wegweiser.

Fliegerdenkmal
auf der Wasserkuppe

△ **Von der Wasserkuppe zur Milseburg**

# DURCH DIE HINTERTÜR ZUM TOURISTENZENTRUM

Der **Guckaisee** liegt zwischen Poppenhausen und Gersfeld an der Wasserkuppe in einem nach Süden offenen Talkessel und bietet im Sommer ideale Bademöglichkeiten. Er ist in der Mitte durch einen Damm abgeteilt; hier beginnt unsere Wanderung. Wir überqueren diesen Damm und gehen am Rand zwischen Weide und Wald steil aufwärts. Oben, am Ende der Weide, biegt der Weg schräg rechts ab und führt durch lichten Buchenwald in einen zauberhaften Kessel, in dem man am liebsten den Rest des Tages verbummeln würde. Der steile Aufstieg schreckt die meisten Wanderer ab. So ist man hier mit vielen Vögeln und Schmetterlingen allein und kann sich der ursprünglichen Natur erfreuen, die man in der Nähe der belebten Wasserkuppe überhaupt nicht vermuten würde. Nachdem wir noch ein Stück Weg vor uns haben, steigen wir zum

**Gersfeld, Oberes Schloß**

△ **Hagebutten am Weg auf die Wasserkuppe**

**Gersfeld, Unteres Schloß, heute Heimatmuseum** ▷

Rand des *Segelfluggeländes* der Wasserkuppe nach oben. Bitte betreten Sie das Gelände nicht, die Sperrtafeln haben ihren Sinn! Wenn auch der Flugbetrieb weitab stattfindet, so kommt es immer wieder vor, daß ein Flugzeug hier landen muß. Wir wenden uns nach links und wandern den Tafeln entlang auf die Wasserkuppe zu.

Dieser Berg ist sicher kein Traumziel für Naturfreunde. Riesige *Radaranlagen der Bundeswehr*, die *Gebäude der Flieger*, zwei *Flugplätze*, Hotels, Geschäfte und nicht zuletzt einige große Parkplätze haben

**Radarkuppel auf der Wasserkuppe**

☞ **AUF EINEN BLICK**

🟡 **Gehzeiten:**
Guckaisee – Wasserkuppe (1¾ Std.) – Pferdskopf (2¼ Std.)
– Guckaisee (2¾ Std.).

🟡 **Einkehr:**
Auf der Wasserkuppe und am Guckaisee.

🟡 **Camping:**
Schachen über Gersfeld.

🟡 **Bademöglichkeit:**
Guckaisee. Poppenhausen, Freibad und Hallenbad Gasthof
Zum Hirsch.

🟡 **Sehenswertes:**
Poppenhausen, Heimatmuseum.

🟡 **Auskunft:**
Verkehrsamt, Von Steinrück-Platz 1, 36163 Poppenhausen,
Tel. 0 66 58/96 00 14, Fax 0 66 58/96 00 22.

🟡 **Wanderkarte:**
Topographische Karte 1:50 000 Naturpark Rhön Nord,
Fritsch Wanderkarte 1:50 000 Naturpark Rhön.

ihn mehr als verunstaltet. Aber: auch das sollte man einmal gesehen haben! Für Kinder und auch für viele Erwachsene ist es hochinteressant, dem regen Flugbetrieb zuzusehen oder an einem Rundflug teilzunehmen.

Die Fliegerei auf der Wasserkuppe hat ihren Ursprung in den Jahren nach dem Ersten Weltkrieg, als die Siegermächte Deutschland fliegerische Aktivitäten untersagt hatten. Junge flugbegeisterte Männer bemerkten, daß der genaue Wortlaut des Verbotes nur vom Motorflug sprach. Also umgingen sie das Edikt und entwickelten den motorlosen Segelflug. Für diesen ist das Gelände auf der Wasserkuppe ideal. Hier bläst fast ständig ausreichender Wind. Überdies sind genug Flächen vorhanden, auf denen man gefahrlos landen kann. Zu dieser Zeit dauerten die Flüge oft nur wenige Sekunden, das baumfreie Gelände am Gipfel reichte bequem aus.

**Wasserkuppe, Sportflugplatz**

Daß heute Hochleistungssegelflugzeuge nach einem Flug von vielen hundert Kilometern wieder zum Ausgangspunkt zurückkehren können, ist sicher ein Verdienst dieser Pioniere des Flugsports.

Wir umrunden das Plateau der Wasserkuppe, besuchen vielleicht das *Segelflugmuseum*, in dem die Entwicklung dieses Luftsports dokumentiert wird, und verlassen den höchsten Berg der Rhön wieder an dem etwas martialisch wirkenden Segelflie-

 **DER BESONDERE TIP**

### Gersfeld

*Von dieser Stadt sind zwei wichtige Impulse ausgegangen, welche die Erschließung der Rhön um jeweils einen großen Schritt vorwärts gebracht haben. Am 6. August 1876 wurde im Gasthof zum Hirschen der Rhönklub gegründet, der die Rhön langsam aber sicher für die erholungsuchenden Fremden erschlossen hat. Der zweite wichtige Schritt war die Gründung des Deutschen Aero Clubs im Gasthof Krone-Post. Durch seine Aktivitäten auf der Wasserkuppe ist der Name Rhön rund um die Welt gegangen.*

*Doch Gersfeld hat mehr zu bieten als nur Tourismusgeschichte. Die verkehrsberuhigte Innenstadt zieren prächtige Fachwerkhäuser, vor allem der Marktplatz ist heute ein Schmuckstück ohnegleichen. Die evangelische Pfarrkirche stammt aus der zweiten Hälfte des 18. Jhs. Die monumentalen Aufbauten von Kanzel und Orgel mit ihrem reichen Rokokoschmuck gehören zum schönsten, was diese Zeit in der Rhön hervorgebracht hat. Ein großer figürlicher Grabstein des Ritters Ernst Christoph von Ebersberg erinnert an das Adelsgeschlecht, das für Gersfeld prägend war. Die Schlösser der Ebersberger stehen noch und werden nach ihrer Lage in dem öffentlich zugänglichen Park bezeichnet:*

*Das Obere Schloß stammt im Kern noch aus dem 13. Jh., wurde aber am Anfang des 17. Jhs. und nochmals im 19. Jh. dem Zeitgeschmack entsprechend umgebaut. Das Mittlere Schloß stammt von 1607 und erscheint heute nur als einfacher Walmdachbau. Das Untere Schloß an der Fuldaer Straße beherbergt das Heimatmuseum von Gersfeld. Es ist ein dreigeschossiger Barockbau, den sich 1740 Hugo Karl von Ebersberg-Weyhers erbauen ließ. Der Rokokofestsaal läßt ein wenig erahnen, wie glanzvoll einst die Empfänge der hohen Herren waren. Erst 1906 ist mit dem Tod des letzten Grafen Ebersberg ihr Geschlecht erloschen.*

gerdenkmal. Wir wandern direkt auf den **Pferdskopf** zu, der die westliche Flanke des Guckaikessels bildet. Die vielen Tafeln eines *geologischen Wanderlehrpfades* erklären ausgezeichnet, wie diese Landschaft entstanden ist. So erfährt man, daß der *Lerchenküppel*, an dem wir kurz vor dem Pferdskopf vorbeikommen, nicht ein zufällig entstandener Steinhaufen ist, sondern ein Magmaschlot. Vor Urzeiten hat er die Deckgebirge als Vulkan durchbrochen. Heute ragt er frei über die Umgebung hinaus. Das erstarrte Magma, der Basalt, ist härter als das Umgebungsgestein, das von der Erosion schneller abgetragen wurde. Der Pferdskopf selbst ist ein wunderschöner Aussichtsberg, die benachbarte höhere Wasserkuppe verdeckt nur unbedeutend den Rundumblick über die gesamte Hochrhön.

Der Rückweg beginnt links etwas unterhalb des *Kriegergedächtniskreuzes* beim Pferdskopf. Ein schmaler, aber durch ein Geländer gesicherter Steig führt uns zuerst durch einen Felssturz, dann durch den Wald und an der stillen **Goldbornquelle** vorbei wieder zum Guckaisee.

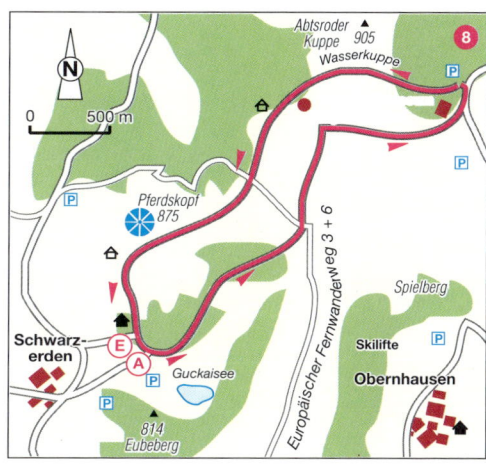

# 9 VON OBERELS-BACH ZUM STEINERNEN HAUS

Steinernes Haus nennen die Rhöner den anstehenden Basalt bei Oberelsbach, und tatsächlich erinnern diese Säulen an eine riesige, halb eingefallene Wand aus schwarzen Ziegeln. Kaum zu glauben, daß diese Landschaft von Menschen geschaffen wurde. Noch vor 100 Jahren stand hier eine mächtige Basaltkuppe. Innerhalb weniger Jahrzehnte wurde sie abgebaut. Wo sich heute der See befindet, hat man tief in die Erde gegraben, um das wertvolle Gestein zu gewinnen, bis ein Wassereinbruch den Arbeiten ein Ende setzte.

## ⬛ INFO ZUR TOUR

**Ausgangsort:**
Oberelsbach.

**Anfahrt:**
Von der B 279 in Bischofsheim Richtung Ostheim fahren. Parkplätze an der Hauptstraße.

**Tourencharakter:**
Wanderung auf Wirtschaftswegen, manchmal etwas steinig, im Wald eventuell naß; teilweise schattig.

**Gesamtlänge:** 14 km.

**Reine Gehzeit:** 3½ Std.

**Markierung:**
Blauer, gefüllter Tropfen, blaues gefülltes Dreieck.

Oberelsbach mit
der Pfarrkirche St. Kilian

**Rhönschafherde bei Ginolfs**

△ **Von Ginolfs auf Kreuzberg und Kalte Buche**

**Ein Rhönschaf wird geschoren**

# WIR WANDERN DURCH EIN BLÜTENMEER

Ausgangspunkt ist die Kirche von **Oberelsbach**. Wir folgen dem blauen Tropfen zu den Sportanlagen und steigen anschließend einen langgezogenen Hang aufwärts. Weißdornbüsche, wilde Kirschbäume und Schwarzkiefern begleiten uns am Weg. Bei der Wegkapelle oben am Berg gehen wir geradeaus vorbei, an der nächsten Weggabelung halten wir uns rechts. Wir wandern zuerst durch den Wald, dann durch eine lichte Baumallee, die links und rechts von großen

▽ **Basaltsäulen am Steinernen Haus**

**Basaltsee am Steinernen Haus**

57

Weidewiesen, die hier Hutung genannt werden, begrenzt ist. Vorbei an einem Privathaus, das früher der Dichterin Bettina Schanze-Spitzner gehörte, kommen wir in das Naturschutzgebiet »Lange Rhön«.

Dieses Naturschutzgebiet gehört als Kernzone zum **Biosphärenreservat** der **UNESCO.** Darunter versteht man großflächige, repräsentative Ausschnitte von Kultur- und Naturlandschaften, die überwiegend unter gesetzlichem Schutz stehen. Gemeinsam mit den hier lebenden Menschen werden Konzepte erarbeitet, um die wertvollen Gebiete in ihrem Bestand zu erhalten. Damit soll aufgezeigt werden, wie der Mensch die Landschaft nutzen kann, ohne sie zu zerstören. Alle Arten der Be-

---

 ### DER BESONDERE TIP

**Das Rhönschaf**

ist ganz leicht von anderen Schafrassen zu unterscheiden: Es hat einen prächtigen schwarzen Kopf. Vor hundert Jahren gab es noch mehr als 400 000 dieser Tiere in der Rhön. In großen Herden wurden sie über die kahlen Hochflächen getrieben und bewahrten die Wiesen vor Verunkrautung und Buschwuchs. Als extrem anspruchslose Rasse waren sie an das rauhe Klima ihrer Umgebung bestens angepaßt. Durch die vielen Blocksteine ließen sich diese Weideflächen landwirtschaftlich nicht nutzen. Inzwischen hat man die Wiesen entsteint, jetzt können sie sogar mit Maschinen bearbeitet werden. Das Rhönschaf jedoch wurde arbeitslos, in den 70er Jahren mußte man es zur bedrohten Haustierrasse erklären.

Heute hat sich die Situation grundlegend geändert. Um das Problem der landwirtschaftlichen Überschüsse in den Griff zu bekommen, werden allenthalben Flächen stillgelegt. Natürlich verwendet man dazu Gebiete mit schlechtem Ertrag, wie es sie hier in der Rhön zur Genüge gibt. Stillgelegte Areale müssen aber trotzdem gepflegt werden. Für das Rhönschaf gab es damit plötzlich eine neue Aufgabe. Der Bund Naturschutz hat in dem Modellvorhaben »Landschaftspflege durch bedrohte Schafrassen« begonnen, das Rhönschaf dafür wieder einzusetzen. Die Herde bei Ginolfs ist bereits auf 300 Muttertiere und 200 Lämmer angewachsen. Eine bedrohte Tierrasse wurde so vor dem Aussterben bewahrt.

---

### ☞ AUF EINEN BLICK

**Gehzeiten:**
Oberelsbach – Steinernes Haus (1¾ Std.) – Ginolfs (2½ Std.) – Oberelsbach (3½ Std.).

**Einkehr:**
Kiosk am Steinernen Haus, Gasthäuser in Ginolfs und Oberelsbach.

**Camping:** Bischofsheim.

**Bademöglichkeit:**
Im See am Steinernen Haus.

**Sehenswertes:**
Oberelsbach: Pfarrkirche St. Kilian, Deutsches Tabakpfeifenmuseum, Naturschutzzentrum Hohe Rhön. Fladungen: Heimatmuseum und Freilichtmuseum.

**Auskunft:**
Verkehrsamt, Rathaus, 97656 Oberelsbach, Tel. 0 97 74/10 91, Fax 0 97 74/15 03.

**Wanderkarte:**
Topographische Karte 1:50 000 Naturpark Rhön Nord, Fritsch Wanderkarte 1:50 000 Naturpark Rhön.

---

wirtschaftung, vom naturnahen Ökosystem bis zur landwirtschaftlich intensiv bearbeiteten Fläche, müssen darin einbezogen sein. Dieses Reservat, das sich über drei Bundesländer erstreckt und fast die gesamte Rhön umfaßt, ist das erste derartige Projekt in Deutschland gewesen.

Die Vegetation am Weg wird immer schöner. Vor allem im Frühjahr breiten sich wahre Blütenteppiche auf den Wiesen aus. Wir erreichen eine Baumreihe, hinter der ein großer Platz noch aus der Zeit des Basaltabbaues geebnet ist. Nach links sind es nur mehr wenige Meter zum Parkplatz »Steinernes Haus« und zum See mit seinem kleinen Brotzeitkiosk.

Das **Steinerne Haus** ist einer von vielen Steinbrüchen der Rhön, die inzwischen den Betrieb eingestellt haben. Man muß sich vorstellen, daß ursprünglich an der Stelle des Sees ein hoher Basaltkegel aufragte. Diese Erhebung hat man abgebaut und dann langsam nach unten gegraben, bis man auf starke Wasserquellen gestoßen ist, die weiteres Vordringen in die Tiefe unmöglich machten. Vom eigentlichen Steinbruch ist deshalb nicht mehr viel zu sehen. Er ist zum See geworden, im Sommer ideal zum Baden.

Natürlich vergessen wir nicht, den berühmten *Säulenbasalt* zu betrachten. Wir finden ihn vom Kiosk aus hinter dem See, nach den Grillplätzen. Ein ehemaliger Steinbrucharbeiter hat uns aufgeklärt, warum die Säulen damals nicht abgebaut wurden: Nur Basalt, der nicht der Sonne ausgesetzt war, läßt sich gut bearbeiten. Diese Säulen waren lange am Licht, sie sind deshalb für eine Verarbeitung zu Formsteinen nutzlos geworden. Für uns ein Glück, denn dadurch blieb uns dieser interessante Einblick in die Geologie erhalten.

Zurück gehen wir über den Parkplatz und dann ein paar Meter die Fahrstraße nach unten. Dort biegt unser Weg links ab. Eine Schranke hindert wildgewordene Autofahrer daran, hier eine Geländerallye zu versuchen. Das gefüllte blaue Dreieck führt uns bis nach **Ginolfs**. Wir kommen an einem zweiten Basaltbruch vorbei und wandern durch schönen Buchenwald zu einer großen Wiese. Dort führt unser Weg erneut nach links in den Wald; es geht immer bergab, bis wir endlich Ginolfs erreichen.

Hier werfen wir einen Blick in die kleine *Dorfkirche*. Sie hat ein recht seltenes Patrozinium: Sie ist der hl. Ottila geweiht. Diese Heilige wird vor allem bei Augenleiden um Hilfe angerufen. Darum, und weil sie im Ruf großer Gelehrsamkeit stand, trägt sie als Symbol zwei Augen auf einem aufgeschlagenen Buch.

Wir wandern links an der Kirche vorbei und biegen kurz vor dem Ende des Dorfes in die Straße »Am Weinberg« ein. In etwas Abstand vom Waldrand steigen wir nochmals aufwärts, zuerst steil, dann flacher, immer den Schildern »Heidelstein« nach. Ganz oben treffen auf eine Wirtschaftsstraße. Ab hier folgen wir dem Schild »Oberelsbach«. Am *Gänsebrunnen* können wir nochmals Rast machen, dann laufen wir parallel zu unserem Anstiegsweg zurück nach **Oberelsbach**.

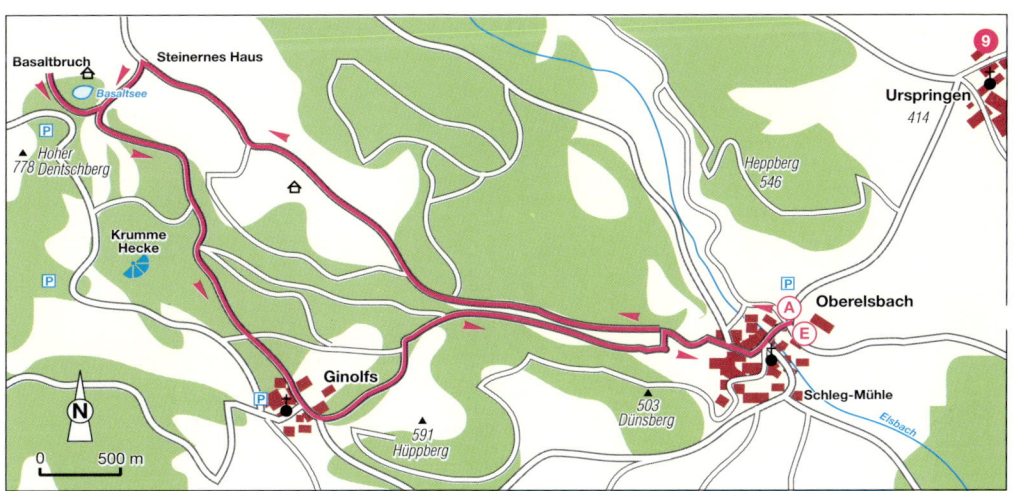

# 10 VON HENNE-BERG NACH BAUERBACH

Zwei Orte besuchen wir auf unserer Wanderung, die einst Geschichte gemacht haben: Die Henneburg war im späten Mittelalter der Stammsitz eines mächtigen Adelsgeschlechtes, das fast die ganze Rhön und halb Thüringen beherrschte. In Bauerbach steht das schöne Fachwerkhaus der Familie von Wolzogen, in dem einst Friedrich Schiller Unterschlupf und Asyl fand, als er – sehr zum Mißfallen seines Landesherren – zu lautstark Freiheitsgedanken verkündet hatte.

## ⇒ INFO ZUR TOUR

**Ausgangsort:** Henneberg.

**Anfahrt:**
Auf der B 19 von Bad Neustadt oder Meiningen. Von Süden her in den Ort abbiegen (die B 19 umfährt Henneberg); die erste Straße rechts im Ort führt nach Einödhausen. Der Parkplatz liegt links hinter der Abzweigung.

**Tourencharakter:**
Bequeme Wanderung auf guten Wegen, nur teilweise schattig.

**Gesamtlänge:** 10 km.

**Reine Gehzeit:** 2½ Std.

**Markierung:** Gefülltes rotes Dreieck.

Henneberg,
Turmruine der Henneburg

## AUF DEN SPUREN DES ASYLANTEN FRIEDRICH SCHILLER

Vom Parkplatz gehen wir an den Waldrand, dann links dem Zaun entlang bis zum Kriegerdenkmal und von hier auf den Steigspuren aufwärts zur Ruine der **Henneburg**. Sie war der Stammsitz der Grafen von Henneberg, einer Adelsfamilie, die sich 500 Jahre lang als Gegenspieler der geistlichen Fürsten von Würzburg und Fulda behaupten konnte.

Im 5. Jh. soll der edle Herr Poppo seine Heimat in Italien verlassen haben, um sich in Franken auf einem Berg eine Burg zu errichten. Als er zum ersten Mal diesen Bauplatz besichtigte, flog vor ihm eine Henne auf den Gipfel des Berges. Fortan nannte sich der edle Mann Graf von Henneberg. So einfach scheint dies zu der damaligen

△ **Bauerbach, Gutshaus Wolzogen**
**Bauerbach, Gasthausfassade** ▷

Zeit gegangen zu sein. Nur: Die schöne Geschichte hat einen Haken. Erst 600 Jahre später spricht eine Urkunde von Graf Gotebold II., dem Henneberger, und die weisen Forscher haben auch gleich eine sehr profane Erklärung parat: Der Name solle von der Hainburg stammen, die bei Meiningen lag. Es sei, wie es ist: Die berühmte Henne wurde zum Wappentier des Geschlechts. Wir können sie heute noch in vielen Burgen und Ruinen der Rhön finden.

**Henneberg, Wegweiser von 1912**

Die hennebergische Geschichte läßt sich bis in das 11. Jh. zurückverfolgen. Poppo I., ein reichsfreier Edelmann, stellte sich im Investiturstreit auf die Seite Kaiser Heinrichs IV. In der Schlacht bei Mellrichstadt (1078) mußte er seine Treue mit dem Leben büßen, aber offensichtlich zeigte sich der hohe Herr der Familie des Gefallenen gegenüber dankbar. In der Rhön, in Thüringen und in der Fuldaer Gegend konnten sie ein Herrschaftsgebiet nach dem anderen erwerben oder erkämpfen,

63

**Türkenbund**

**Hoher Ziest**

---

☞ **AUF EINEN BLICK**

**Gehzeiten:**
Henneberg – Ruine Henneburg (15 Min.) – Bauerbach
(1¼ Std.) – Henneberg (2½ Std.).

**Einkehr:**
Henneberg, in Bauerbach.

**Sehenswertes:**
Meiningen mit Altstadt und Theater. Bauerbach,
Naturtheater.

**Auskunft:**
Gemeindeverwaltung, Hauptstr. 56, 98617 Henneberg,
Tel. 03 69 45/2 16.

**Wanderkarte:**
Topographische Karte 1:50 000 L 5528 Meiningen.

so daß die Henneberger schließlich zu
den ganz großen Adelsgeschlechtern des
deutschen Reiches zählten. Auf dem Höhe-
punkt ihrer Macht, in der 1. Hälfte des
13. Jhs., beherrschten zwei bedeutende
Persönlichkeiten die Familie: Otto von
Bodenlauben, über den wir bei unserer
Wanderung von Burkardroth nach Frauenroth genaueres berichten, und Poppo VII.,
der im Gegensatz zu seinem Bruder Otto
eine recht kampflustige Persönlichkeit gewesen sein muß. Im Streit um Dörfer oder
Burgen ließ er allzuoft dem Schwert die
letzte Entscheidung.

Poppos Sohn Hermann I. konnte seinen
Besitz bis in die Coburger Gegend hinein
ausdehnen. Das Auf und Ab der Henneberger dauerte bis zu den Bauernkriegen.
Wilhelm IV. schlug diesen Aufstand der Be-
sitzlosen mit allen zur Verfügung stehenden
Mitteln nieder, aber das scheint die Kraft
seiner Familie letztendlich erschöpft zu haben. Wie es im Zuge der Zeit lag, führte
er die Reformation ein, ja, er gab sogar
seiner Herrschaft feste Gesetze, eine Lan-
desordnung, die von allen zu beachten
war. Doch das brachte ihm kein Geld in
die Kassen. In einem Vertrag setzte er des-

halb die Wettiner zu seinen Erben ein. Ein halbes Jahrtausend hennebergische Herrschaft war 1583 zu Ende.

Die erste Henneburg erstand kurz nach der Jahrtausendwende. In der Glanzzeit der Henneberger, unter Graf Poppo VII., wurde die Burg vergrößert und stark befestigt. Sie war bis in das 17. Jh. hinein bewohnt, seither verfällt sie zur Ruine. Vom *Burgturm* aus hat man eine weite Sicht nach Westen über die Thüringische Rhön.

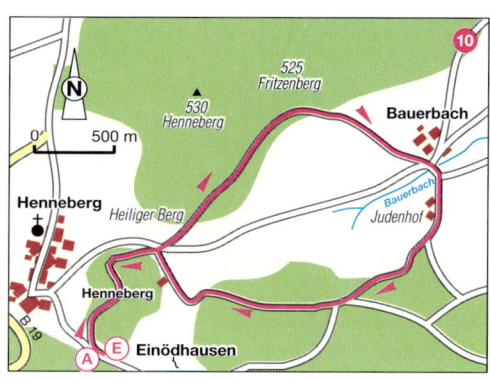

Wir gehen am breiten Burgweg ein kurzes Stück abwärts und dann rechts auf dem kleinen Steig mit Geländer zum Wanderweg, der mit einem gefüllten roten Dreieck gekennzeichnet ist. Ihm folgen wir wieder rechts bis zur Fahrstraße. Wir überqueren sie und wandern am Wiesenweg aufwärts. Beim Jägerstand führt der Weg in den Wald hinein, aber innerhalb des Baumbewuchses immer dem Rand entlang. Wenn die Sonne arg brennt, ist es hier angenehm schattig und kühl. Unser Blick schweift weit über Bauerbach und den Thüringer Wald, vor dessen westlichen Ausläufern wir hier stehen. Graslilien, Türkenbund und das rosa Waldvögelein wachsen im Sommer am Wegrand. Kurz vor **Bauerbach** führt ein grasbewachsener Weg schräg nach unten. Der mächtige *Walnußbaum* mit über einem Meter Stammdurchmesser ist nicht zu übersehen. Wir wandern in das Dorf hinein und vergessen nicht, das gut restaurierte *Schillermuseum* zu besuchen.

Es ist das ehemalige Gutshaus der Familie von Wolzogen, die ursprünglich aus Österreich stammte und im Rahmen der Gegenreformation von dort vertrieben wurde. Henriette von Wolzogen, die Mutter eines Akademiekameraden Schillers, hatte ihm hier 1782 Asyl gewährt, als er sich in Stuttgart und Karlsruhe politisch zu weit von den Ansichten seines Fürsten entfernt hatte. Als Dr. Ritter wohnte er ein gutes halbes Jahr in dem Haus und schrieb an den Werken »Kabale und Liebe«, »Fiesko« und »Don Carlos«. Als seine Neigung zur Tochter der Gastgeberin zu offensichtlich wurde, mußte er das Haus wieder verlassen. Der *Dorfgasthof* ist ebenfalls einen Besuch wert, wenn er auch zur Zeit geschlossen ist. Er ist mit historisierenden Bildern und Texten bemalt; natürlich wird darauf hingewiesen, daß der Dichter hier regelmäßig sein Bier trank.

Wir gehen zur Bushaltestelle und wandern auf der Feldstraße an der großen Eiche vorbei in Richtung Wald. Der Weg ist zwar als Fahrstraße offen, doch sind, weil er keine Teerdecke trägt, höchstens ein paar Traktoren unterwegs. Bei der ersten Weggabelung halten wir uns rechts. An einer Schonung können wir auf ein paar Bänken Rast machen. Wir nehmen nochmals den rechten Weg und erreichen durch eine prächtige alte Allee wieder die Stelle, an der wir beim Hinweg die Straße überquert haben. Wir wandern auf unserem alten Weg zurück, steigen aber natürlich nicht mehr zur Ruine hinauf, sondern gelangen über den Burgweg in das Dorf und zum Auto.

65

## 11 VOM FULDAER HAUS ZUR MILSEBURG

**Einst soll ein grausamer Riese auf der Milseburg geherrscht haben, den schließlich der hl. Gangolf kraft seines Gebets überwinden konnte. Heute herrscht dort oben fröhliches Treiben von vielen Wanderern, die sich den Ausblick auf die angeblich 1001 Kuppen der Rhön nicht entgehen lassen wollen.**

### ⟫ INFO ZUR TOUR

**Ausgangsort:**
Fuldaer Haus an der Maulkuppe.

**Anfahrt:**
Von Fulda über die B 458 bis zur Kreuzung Poppenhausen, dort links Richtung Steinwand; kurz nach dem Gasthaus Steinwand geht rechts eine kleine Straße ab, bezeichnet mit Parkplatzschild und einer Tafel »Fuldaer Haus«. Bitte den ersten Wanderparkplatz benutzen, da die Parkplätze am Fuldaer Haus für die Hausgäste gedacht sind.

**Tourencharakter:**
Wanderung auf guten Wegen, teilweise im Schatten.

**Gesamtlänge:**
15 km bzw. 17 km, wenn man den prähistorischen Wanderpfad mit einschließt.

**Reine Gehzeit:**
4 Std., ohne die Zeit, die für den prähistorischen Wanderpfad erforderlich ist.

**Markierung:** Gefülltes rotes Dreieck.

Milseburg, keltischer Ringwall
vor der Wasserkuppe

# ZUM BERG DES HL. GANGOLF

Wir gehen am *Fuldaer Haus* vorbei zum nächsten Bauernhof. Dort biegen wir links in das Biebertal ab. Der schattige Weg führt langsam bergab, an der Weggabelung unten im Talgrund geht es links zurück, und, nach ein paar hundert Metern, rechts steil aufwärts. Wir wandern zunächst durch Jungwald, dann

△ **Milseburg, keltischer Ringwall**

**Fulda, fürstäbtliches Stadtschloß**

durch Nadelwald zu einer Lichtung, die lose mit Kastanienbäumen und Obstbäumen bepflanzt ist. Diese Wiese überqueren wir diagonal, gehen nochmals durch den Wald aufwärts, bis wir über uns das Gipfelkreuz der **Milseburg** sehen. An einer großen Buche verlassen wir unser rotes Dreieck und wandern an dem heute noch gut sichtbaren *Steinwall der Kelten* entlang zu den ersten Schautafeln. Von hier aus kann man den ganzen Lehrpfad abgehen

▽ **Von der Milseburg auf die Maulkuppe**

**Milseburg, Bildstock mit Rhöner Tracht**

**Rastplatz am Fuldaer Haus**

69

**Fulda, Bonifatiusdom**

 **DER BESONDERE TIP**

**Fulda**

*Mit dem Auto kann man in gut 15 Minuten von der Milse-
burg aus die alte Kirchenstadt Fulda erreichen. Der dem
hl. Bonifatius geweihte* **Dom** *war über tausend Jahre das
geistige Zentrum der Rhön. Seine geniale, auf höchste
Repräsentation hin ausgerichtete Architektur stammt von
Johann Dientzenhofer. Der selbe Baumeister hat auch die
weltliche* **Residenz** *der Fuldaer Fürstäbte geschaffen,
deren Prunkräume man besichtigen kann. Der barocke
Schloßpark mit Orangerie wurde im 19. Jh. in einen Eng-
lischen Garten umgewandelt. Eine besondere Kostbarkeit ist
die romanische* **Michaelskirche,** *die uns ein Bild vermittelt,
wie wichtige Kirchen um die Jahrtausendwende ausgesehen
haben. Das* **alte Rathaus** *hinter der Blasiuskirche ist einer
der wenigen Bauten Fuldas, die aus der Gotik erhalten geblieben sind. Es ist im Fachwerkstil gebaut, wie viele andere
Häuser der Altstadt, die man bei einem Rundgang entdecken
kann.*

und kommt wieder an diesen Ausgangspunkt zurück. Es wird sehr anschaulich
erklärt, wie die Kelten in vorchristlicher Zeit
gelebt haben, wie sie sich verteidigen
mußten und welcher Techniken sie sich bei
der täglichen Haus- und Feldarbeit bedie-
nen konnten.

Wir wenden uns dem Berg zu und ge-
hen auf steilem Weg direkt zum Gipfel.
Nicht vergessen sollte man einen kurzen
Halt an der *Pietà* von 1664, die den
Namen Georg Stepling eingeschnitten
trägt. Man weiß heute nicht mehr, ob
das der Name des Stifters oder der des
Bildschnitzers ist. Aber egal, wie: schön
ist die Figur; fast immer brennt vor ihr ein
Licht zum Zeichen der Verehrung.

Wir steigen weiter und kommen vor der
Milseburg-Schutzhütte des Rhön-Klubs zu
einem *Bildstock aus Sandstein.* Auf ihm ist
die Kreuzigung Christi dargestellt. Unter
dem Kreuz stehen Johannes und Maria,
gekleidet in der alten Tracht der Rhöner
Bauern. Etwas oberhalb der Skulptur liegt
die kleine *Gangolfkapelle*, und darüber
der berühmte Aussichtsgipfel.

Die Sicht von hier oben möchten wir –
aber das ist natürlich sehr subjektiv – als
die schönste der ganzen Rhön bezeichnen.
Unser Blick schweift über die Lange Rhön
mit Wasserkuppe und Heidelstein zu den
Bergen Thüringens; ganz in der Ferne steht
der Vogelsberg. Die weißen Halden der
Kaligruben bei *Vacha* strahlen wie schnee-
bedeckte Berge in der Sonne, links davon
stehen die Kuppen des berühmten hessi-
schen Kegelspiels. Man sieht weit über
Fulda hinaus. Im Südwesten liegt die
bewaldete Rhön; sogar der *Kreuzberg* ist
durch seinen riesigen Sendemasten noch
klar zu erkennen.

Auf der **Milseburg** konnte man Sied-
lungsspuren aus der Zeit um 2000 v. Chr.

## ☞ AUF EINEN BLICK

🔶 **Gehzeiten:**
Fuldaer Haus – Milseburg (1¼ Std.) – Grabenhöfchen
(2¼ Std.) – Enzianhütte (2¾ Std.) – Grabenhöfchen
(3¼ Std.) – Fuldaer Haus (4 Std.).

🔶 **Einkehr:**
Gasthaus Steinwand, Fuldaer Haus, Milseburg Hütte,
Hotel Grabenhöfchen, Enzianhütte am Weiherberg.

🔶 **Sehenswertes:** Klettergarten Steinwand.

🔶 **Auskunft:**
Fuldaer Haus, 36163 Poppenhausen, Tel. 0 66 58/2 42.

🔶 **Wanderkarte:**
Topographische Karte 1:50 000 Naturpark Rhön Nord,
Fritsch Wanderkarte 1:50 000 Naturpark Rhön.

nachweisen. Zur Keltenzeit lag hier eine befestigte Stadt; ihr gewaltiger Ringwall hat sich am Fuß des Berges erhalten.

Das erste schriftliche Zeugnis über die Milseburg stammt aus dem Jahre 980. Wie in der Rhön fast schon üblich ist es eine Schenkungsurkunde an das Kloster von Fulda. Seit dem 15. Jh. zogen Wallfahrer aus der Umgebung zu der dem hl. Gangolf geweihten Kapelle auf der Milseburg. Diese Tradition hat sich bis heute erhalten. 1929 ist die alte Kapelle einem Brand zum Opfer gefallen. Bereits drei Jahre später konnte ein neues Kirchlein geweiht werden.

Nach unserer Rast wandern wir auf dem Anstiegsweg zur Stelle zurück, wo wir die erste Tafel des Lehrpfades gefunden haben. Hier führt ein Weg über die Felder, an den Häusern von **Danzwiesen** vorbei, zu einer Straße. Ihr folgen wir nach rechts, Richtung Süden. Sie führt fast ohne Biegung zum *Hotel Grabenhöfchen* an der Bundesstraße. Wer abkürzen will, kann schon kurz vorher rechts zum Fuldaer Haus abbiegen. Ein Wegweiser bezeichnet die Stelle. Wir wollen noch eine Schleife dre-

hen und dabei, wie auf einem Aussichtsbalkon, den Fliegern der Wasserkuppe zusehen. Auf der anderen Seite der Bundesstraße gehen wir den Parkplatz abwärts bis zu einem Schild, das uns zur **Enzianhütte** weist. Der Weg ist recht schattig, so spürt man nicht, daß er steil nach oben führt. Von der Hütte, die als einzige Schutzhütte der Rhön dem Alpenverein gehört, gehen wir rechts zu den Wiesen des **Weiherberges.** Er ist ein beliebter Startplatz für Modellflugzeuge geworden. Man kann über den Gipfel laufen oder links um ihn herum, man erreicht immer eine ungeteerte Fahrstraße, die uns wieder abwärts zur Bundesstraße bringt. Freunde der Fliegerei kommen hier voll auf ihre Kosten. Drüben auf der Wasserkuppe startet ein Flugzeug nach dem anderen, und über uns, am Weiherberggipfel, führen die Modellflieger Kunststücke vor, die man als Laie gar nicht begreifen kann.

Von der Bundesstraße führt eine mit Wegweisern markierte, aber wenig befahrene Straße über die Hügel zum Fuldaer Haus zurück.

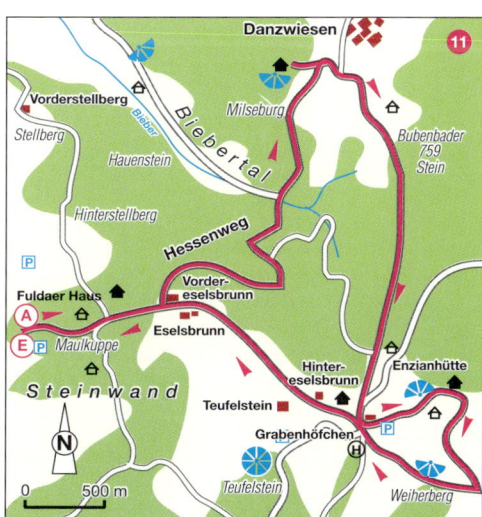

## 12 VON HILDERS ÜBER DIE AUERS-BURG AUF DEN BUCHSCHIRMBERG

Dieser Weg ist so richtig dafür geschaffen, einen ganzen Tag zu verbummeln. Wenn man nach einem gemütlichen Frühstück in Hilders abmarschiert, kann man am Vormittag gemächlich durch die Wälder an der Auersburg wandern und kommt genau zur Mittagszeit in Simmershausen an. Nach dem Essen und einer geruhsamen Mittagsrast kann man dann weiterschlendern und zu einem späten Kaffee wieder zurück in Hilders sein.

### ⫸ INFO ZUR TOUR

**Ausgangsort:**
Hilders, Rathaus.

**Anfahrt:**
Über die B 485 von Fulda bzw. die B 287 Vacha bzw. Bischofsheim. Parkplätze an der Marienstraße und an der Kirche.

**Tourencharakter:**
Feldstraßen, zum Teil geteert, Forstwege; Anstieg zur Burg nur Fußpfad. Etwa die Hälfte des Weges im schattigen Wald.

**Gesamtlänge:** 18 km.

**Reine Gehzeit:** 4½ Std.

**Markierung:**
Roter Winkel, grünes, gefülltes Dreieck, grüner Tropfen.

Simmershausen mit
der Pfarrkirche St. Johannes

73

△ **Am Buchschirmberg**   **Bei der Auersburg** ▽

"So'ne Schweinerei, das bekommen auch nur Menschen fertig!"

▽ **Kreuz des Ostens am Buchschirmberg**

# DURCH DIE WÄLDER UND ÜBER DIE HÜGEL DER NORDRHÖN

Hilders ist eine uralte Siedlung im Ulstertal. Bereits um 900 wird berichtet, daß der Ort Eigentum des Klosters Fulda gewesen ist. 1342 erwarben ihn die Bischöfe von Würzburg, die dann bis zur Säkularisation die Herrschaft über ihn ausüben sollten. Zwei große Brände in den Jahren 1851 und 1882 sind die Ursache, daß im ganzen Ort kaum noch alte Bausubstanz zu finden ist. Die *Pfarrkirche St. Bartholomäus* steht auf einem Hügel über dem Ort. Nach dem erstgenannten großen Brand wurde sie wieder aufgebaut und mit guten spätklassizistischen Altären eingerichtet.

△ **Simmershausen, Dorfbrunnen**
◁ **Vom Buchschirmberg zur Milseburg**

75

Wir wandern, dem roten Winkel folgend, vom neuen Rathaus aus durch die Marienstraße zur Konrad-Zuse-Schule, die an den berühmten Computerpionier erinnert. Durch die Stielerstraße kommen wir zur Reithalle und zu zwei Bauernhöfen. Davor geht es rechts nach oben und dann wieder links auf dem Privatweg durch die Schranke zum Wald. Am Waldrand muß man aufpassen: Unmittelbar nach den ersten Bäumen führt ein ausgetretener Fußpfad direkt zur **Ruine Auersburg** hinauf.

**Ruine Auersburg bei Hilders**

Die erste Burg wurde 1120 von einem Henneberger Grafen erbaut. Später ging sie in den Besitz der Würzburger Bischöfe über. 1354 wurde die Festung neu ausgebaut. Allein für die 1,80 m dicken Umfassungsmauern benötigte man 3200 cbm Standsteinquader. Im Bauernkrieg brannte das Innere der Burg aus, unter Bischof Julius Echter wurde sie 1589 noch einmal repariert. 100 Jahre später begann man damit, die verfallende Burg als Steinbruch zu nutzen. Seit 1848 ist die Ruine als Denkmal geschützt. Heute steht im Burg-

inneren eine Schutzhütte für Wanderer. Die Hochrhön liegt vom begehbaren Turmstumpf aus wie auf einem Teppich ausgebreitet vor uns. Vom Heidelstein über die Wasserkuppe bis zur Milseburg, alle unsere schönen Wanderziele lassen sich von hier aus identifizieren.

Von der Burg gehen wir noch ein paar Meter den Berg aufwärts. Auf der Forststraße wenden wir uns nach links. Wenn man aufmerksam den Waldboden betrachtet, so erkennt man flache Stufen. Das waren *Terrassenfelder*, wie wir sie heute noch aus dem Mittelmeerraum kennen. In der Umgebung der Burg wuchs früher kein Wald, der hätte Angreifern ja nur gute Deckung geboten. Man hatte aber ein paar Bauernhöfe angesiedelt, die die Burgbesatzung mit Nahrung zu versorgen hatten. Diese Bauern haben im Hochmittelalter die Terrassen angelegt, um den Hang leichter bewirtschaften zu können. Der Wald hier wurde übrigens erst ab 1849 gepflanzt, vorher waren alle Hänge des Auersberges kahl.

Wir folgen unserem Winkel, gehen an der **Köhlerhütte** geradeaus und kommen zu einem interessanten *Lehrbienenstand*. Wenn man die Türe aufmacht, hat man die seltene Gelegenheit, durch eine Glasscheibe in den Bienenstock zu schauen. Sie brauchen keine Angst zu haben, die Bienen stechen nicht!

Vom Rastplatz »Gänskutte« geht es nur noch ein paar Meter in die alte Richtung. Vor dem **Paradieshof**, einem neu gebauten Bauernhof, gehen wir dann rechts auf dem Schotterweg zu einem Heuschober kurz vor dem Waldrand. Hier biegen wir links ab und kommen auf eine Feldstraße, die mit einem gefüllten grünen Dreieck markiert ist. Dieses ist für das nächste Wegstück unser Führer. Die Straße führt uns nach rechts bis **Simmershausen**.

🟨 **Gehzeiten:**
Hilders – Auersburg (45 Min.) – Paradieshof (1¾ Std.) – Simmershausen (2½ Std.) – Kreuz des Ostens (3½ Std.) – Hilders (4½ Std.).

🟨 **Einkehr:**
In Hilders und Simmershausen.

🟨 **Camping:**
Dippach südlich von Tann.

🟨 **Bademöglichkeit:**
Hilders, Freibad am Heidepark und Hallenbad im Gemeindezentrum.

🟨 **Sehenswertes:**
Hilders: Rhöner Handwerkerhof mit Hobbykursen, Pfarrkirche St. Bartholomäus. Ruine Eberstein auf dem Tannenfels. Vogelkundepfad in der Ritterschlucht.

🟨 **Auskunft:**
Verkehrsamt, Kirchstr. 2–6, 36115 Hilders, Tel. 0 66 81/76 12, Fax 0 66 81/76 13.

🟨 **Wanderkarte:**
Topographische Karte 1:50 000 Thüringische Rhön, Fritsch Wanderkarte 1:50 000 Naturpark Rhön.

Der *Dorfbrunnen* wurde von Waldo Dörsch aus Oberweid geschaffen. Er zeigt eine Frau aus Simmershausen mit ihren Bornlöbben, längliche früher zum Wasserholen benutzte Holzgefäße mit Griff. Vom Brunnen aus geht es geradeaus weiter, hinter dem Dorf an der Weggabelung links, bei der nächsten Straßenteilung rechts, bis wir den großen Funkmasten der Telekom direkt vor uns sehen. Der markierte Weg biegt U-förmig rechts ab, wir aber gehen geradeaus auf den Masten zu. Hier kann man nämlich sehr gut sehen, wie steinig die Wiesen der Rhön früher waren. Die Brocken der großen *Steinwälle* links auf den Feldern wurden alle aus den Wiesen ausgegraben, um eine Bewirtschaftung mit landwirtschaftlichen Maschinen möglich zu machen. Wir wandern um den **Sendemasten** herum zum großen Kreuz

des Ostens. 1954 hat es die Kolpingfamilie Hilders hier am **Buchschirmberg** aufgestellt. Zu dieser Zeit wurde die ganz in der Nähe verlaufende Grenze zu Thüringen als Eiserner Vorhang hermetisch abgeriegelt. Daneben ist eine große *Aussichtsplattform*, auf der in einer Art Windrose das ganze Panorama eingezeichnet ist. Es ist sicher einer der schönsten Rundblicke in der ganzen nördlichen Rhön!

Ab hier ist unser Weg mit einem grünen Tropfen markiert. Er führt steil abwärts am **Thomas-Morus-Haus** vorbei. Das war eigentlich ein neugebauter Bauernhof, der jedoch nie bewirtschaftet wurde. Nach langem Leerstehen hat ihn die Diözese Fulda erworben und nutzt ihn als Jugendbildungshaus. Durch den Wald gehen wir weiter abwärts, überqueren die Autostraße nach Simmershausen etwas links versetzt und kommen so von oben her an der Bartholomäuskirche vorbei nach **Hilders** zurück.

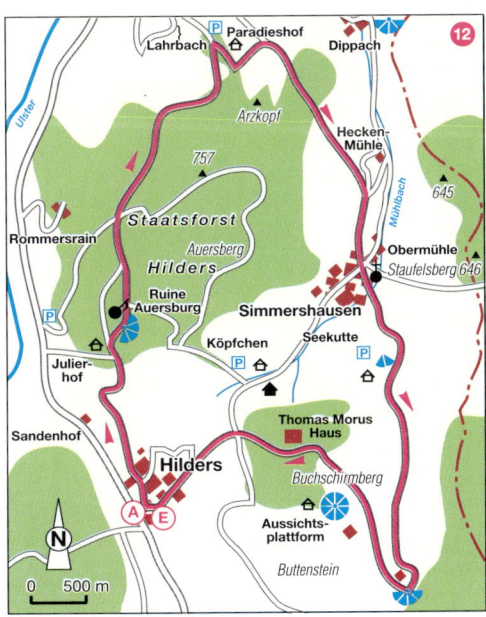

# 13 VON TANN ZUM HABELBERG

Die Hochrhön ist durch langge-
streckte flache Höhenrücken gekennzeichnet, die bis knapp unter
die 1000-Meter-Marke aufragen.
Nach Norden zu löst sich das
Land in einzelne Kuppen auf, die
mehr oder weniger isoliert in
flacher Umgebung stehen. Der
Habelberg ist ein typisches Beispiel dafür. In Tann spürt man
immer noch den Flair des alten
Residenzstädtchens. Wenn das
freiherrliche Schloß auch abseits
vom Marktplatz unten am Ufer
der Ulster steht, so ist doch unverkennbar, wer früher im Ort
das Sagen hatte.

## INFO ZUR TOUR

**Ausgangsort:** Tann, Marktplatz.

**Anfahrt:**
Zufahrt über die B 287. Parkplätze beim Verkehrsamt
oder unten an der Ulster bei den Sportplätzen.

**Tourencharakter:**
Geruhsame Wanderung über Waldpfade und Feldwege
(z.T. geteert), kurzzeitig auch an öffentlichen Straßen.

**Gesamtlänge:** 11 km.

**Reine Gehzeit:** 3¼ Std.

**Markierung:**
Gefüllter grüner Tropfen, gefülltes grünes Dreieck.

Tann, Freilichtmuseum,
Rhöner Dreiseithof

**Tann, Freilichtmuseum, Rhöner Auszugshaus**

**Tann, Elf-Apostel-Haus**

# FREIHERRENSCHLOSS UND FELSKANZEL

Fährt man von Süden auf der B 278 nach **Tann**, so passiert man zuerst das *1557* erbaute *Stadttor* mit seinen beiden mächtigen Rundtürmen. Die Windfahnen auf den Türmen stellen zwei etwas seltsame Elefanten dar. Wahrscheinlich hat der Schmied, der die Tiere so wunderlich gestaltete, nie im Leben einen richtigen Elefanten gesehen. Am Stadtplatz fällt der mächtige *Neue Bau* ins Auge, den die Freiherren von der Tann 1689 als Verwaltungs- und Lagerhaus erbauen ließen. Heute beherbergt er ein *naturkundliches Museum*. Unmittelbar daneben steht, viel bestaunt und viel fotografiert, das »*Elf-Apostel-*

△ **Habel mit der Kirche St. Michael**

**Tann, Gelbes Schloß der Freiherren von der Tann**

*Haus«*, das älteste Haus der Stadt. Un-übersehbar ist das martialische *Denkmal des Reichsfreiherren Ludwig von und zu der Tann-Rathsamhausen.* Als bayerischer General spielte er vor allem im Krieg 1870/1871 eine bedeutende Rolle. Von ihm wird kolportiert, er, und nicht Maxi-milian II., sei der wahre Vater des bayeri-schen Königs Ludwig II. gewesen. Auf unserem kleinen Stadtrundgang gehen wir durch die Schloßstraße zum **Rhöner Museumsdorf**. Unmittelbar anschließend stehen die **Schlösser der Freiherren von der Tann**. Man spricht hier vom Roten, vom Blauen und vom Gelben Schloß, so wie sie früher (und heute wieder) angemalt waren. Sie gehören drei verschiedenen Linien des alten Geschlechtes. Der Hof ist offen und kann besucht werden. Eine Besichtigung innen wird im Rahmen der Stadt-

**Tann, Standbild von Frh. Ludwig v. d. Tann**

81

führung geboten. Unterhalb des Schlosses fließt die Ulster. Es wird erzählt, daß irische Wandermönche aus der Provinz Ulster in Erinnerung an ihre Heimat den Fluß so benannt haben.

Wir beginnen unsere Wanderung am *Marktplatz*, schlüpfen durch das Stadttor und wandern rechts an der alten Stadt-

**Tann, Hauszeichen Gasthof zur Rhön**

mauer abwärts zur Ulster. Nach der Brücke überqueren wir den alten Bahndamm, der heute zum Talwanderweg umfunktioniert wurde. Ein grüner Tropfen weist uns rechts die Straße aufwärts. Bei der ersten Kurve kürzen wir die Schleife der Forststraße über einen markierten Wiesensteig ab, gehen auf der Teerstraße nach rechts und an der Weggabelung geradeaus. Vor uns liegt das nördliche Ulstertal mit seinen *»Sieben Brüdern«*. Das sind sieben markante Bergkuppen, der höchste von ihnen, der Rokkenstuhl ist durch den Sendemast gut auszumachen.

Am Holzplatz kürzen wir den Weg nochmals links ab. Auch dieser Steig ist

## ☞ AUF EINEN BLICK

**Gehzeiten:**
Tann – Habelstein (1¾ Std.) – Habel (2 Std.) – Tann (3¼ Std.).

**Einkehr:** In Habel und in Tann.

**Camping:**
Dippach südlich von Tann

**Bademöglichkeit:**
Tann: Freibad Gerithpark, Hallenbad Hotel Zur Linde und Hallenbad Hotel Zur Ulsterbrücke.

**Sehenswertes:**
Tann: Schlösser, Elf-Apostel-Haus, Rhöner Freilichtmuseum, Naturmuseum.

**Auskunft:**
Verkehrsamt, Rhönhalle, 36138 Tann, Tel. 0 66 82/80 14, Fax 0 66 82/16 13.

**Wanderkarte:**
Topographische Karte 1:50 000 Naturpark Rhön Nord, Fritsch Wanderkarte 1:50 000 Naturpark Rhön.

markiert und damit offiziell benutzbar. An der Straße marschieren wir zunächst rechts weiter, bei der nächsten Kreuzung geht es gerade aus, dem Schild »Habelstein« nach. Linkerhand fließt der *Ringelborn*, eine kleine Quelle. Früher wurden in Tann die Babys nicht vom Storch gebracht, sondern sie schlüpften aus dem Ringelborn. Die weißen »Schneeberge« in der Ferne sind die Halden der Kaligruben bei *Vacha*. Bei ganz klarem Wetter soll sogar der Hohe Meißner bei Kassel sichtbar sein!

Ein schmaler Weg rechts bringt uns schließlich zum Aussichtsfelsen **Habelstein**, der einen wunderschönen Blick auf die Lange Rhön und auf den Auersberg bei Hilders beschert. Jetzt müssen wir es gestehen, wir werden gar nicht auf den Berggipfel steigen. Das hat keinen Sinn, denn dort oben ist alles dicht bewaldet, und, weil Naturschutzgebiet, für Wanderer gesperrt.

Unser Weg nach Habel führt von der Stelle, wo wir von der Forststraße abgebogen sind, praktisch in Fallinie nach unten. Beim überqueren einer Forststraße läuft der Weg schräg links versetzt weiter. Bei der nächsten Abzweigung nehmen wir den linken, unteren Weg und gehen direkt auf das Dorf **Habel** zu. An der alten Linde vorbei kommen wir zum Gasthaus, wo wir zu einer Brotzeitrast einkehren können.

Vom Wirtshaus gehen wir die Straße geradeaus weiter, jetzt begleitet uns ein gefülltes grünes Dreieck bis **Tann**. Am Weiler **Habelgraben** vorbei wandern wir fast eben um den Berg herum. Der *Rothof* mit seinen schönen Linden war ursprünglich ein Bauernhof und wurde dann Forsthaus. Jetzt wird er als private Wochenend- und Ferienwohnung genutzt.

Nach dem Rothof gehen wir nicht den großen, mit »Privat« bezeichneten Weg, sondern rechts abwärts. Über den gewaltigen Windbruch hat man einen prächtigen Blick auf Tann. Durch den Bruch ist ein schmaler, teilweise überwachsener Steig markiert, der uns an den Platz der *Ludwigs-*

*eiche* führt. 1871 hat man sie zum Gedenken des Kriegsendes gepflanzt und ihr den Namen des Feldherren Ludwig von der Tann gegeben. 1994 wurde sie von einem Orkan entwurzelt. Ein junges Bäumchen ist bereits als Ersatz gepflanzt. Der Weg führt weiter abwärts zur Ulster, über den schon bekannten Steig an der Stadtmauer kommen wir wieder an den Ausgangspunkt.

 **DER BESONDERE TIP**

*Das Rhöner Museumsdorf*
ist ein zwar kleines, aber vorbildlich gestaltetes Freilichtmuseum mitten im Ort Tann. Es zeigt die verschiedenen Haustypen der Rhön, vom großen Dreiseithof, den sich nur ein reicher Bauer leisten konnte bis zum Schäferkarren, der zumindest im Sommer das »Haus« des Hirten war. Man kommt aus dem Staunen nicht heraus, wenn hier vorgeführt wird, mit welch einfachen Mitteln sich die Rhöner Bauern in allen Lebenslagen zu helfen wußten. Nehmen wir als Beispiel die Verkleidung einer Scheunenwand. Lange Bretter wären viel zu teuer gewesen, die wurden verkauft. Aber kurze Holzabschnitte standen immer zur Verfügung. Also spaltete man diese zu Schindeln und nagelte sie an die Balken der Scheune. So eine Wand ist mit Sicherheit schöner als eine Verkleidung aus Blech oder Eternit.

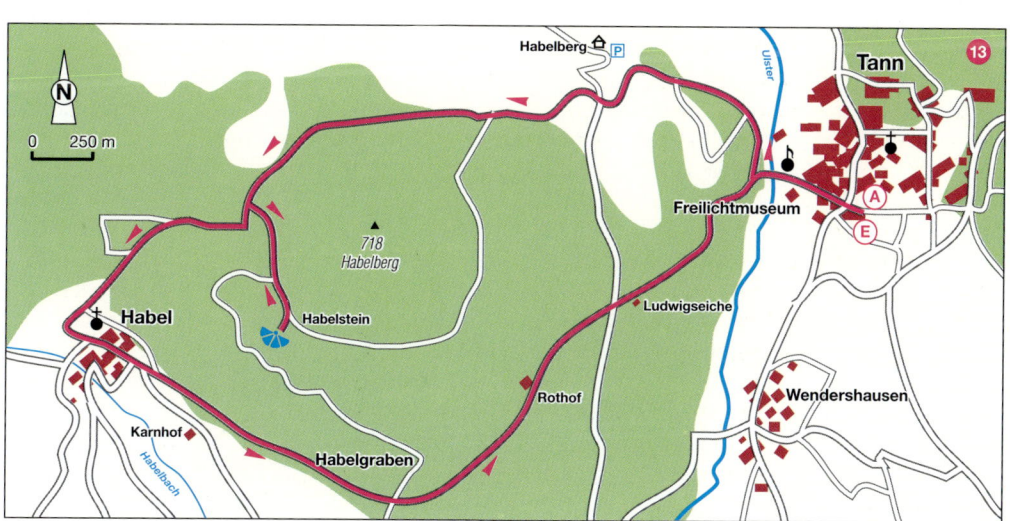

# 14 VON KALTEN-NORDHEIM AUF DEN UMPFEN

Unsere Wanderung führt über den Westhang auf den Umpfen. Vor einigen Jahren wurde hier noch Basalt gebrochen. Seit der Abbau eingestellt wurde, hat sich in den aufgelassenen Steinbrüchen und auf den Abraumhalden eine Flora und Fauna entwickelt, die in ganz Deutschland einzigartig ist. Der flache Umpfengipfel war schon zu keltischer Zeit besiedelt. Die Wälle und Gräben des Keltendorfes sind noch im Wald am Gipfel erhalten.

## INFO ZUR TOUR

**Ausgangsort:**
Kaltennordheim.

**Anfahrt:**
Über die B 285 von Fladungen oder Vacha, Parkplätze am Schwimmbad am Nordostrand des Ortes.

**Tourencharakter:**
Wanderung auf guten Wegen, manchmal etwas feucht. Viel Schatten beim Aufstieg.

**Gesamtlänge:** 12 km.

**Reine Gehzeit:** 3¼ Std.

**Markierung:**
Roter Strich auf weißem Grund.

Kaltennordheim,
Schloßhof mit 800jähriger Linde

85

**Honigorchis bei Fischbach**

**Holzkohlenmeiler am Umpfen**

# VOM LEHRPFAD ZUM PFLANZENPARADIES

Im Jahre 795 schenkte ein fränkischer Adeliger der Kirche einige Güter »zu seinem und seines Sohnes Seelenheil«. Darunter war auch **Kaltennordheim** im Feldatal. Deshalb konnte die Stadt 1995 das 1200 jährige Jubiläum ihres Bestehens feiern. Die Henneberger, die seit 1268 Herren über den Ort waren, erbauten an dieser Stelle eine Wasserburg. Sie muß recht solide gewesen sein, denn beim Bauern-

△ **Vom Dachstein zum Umpfengipfel**

▽ **Kaltennordheim, Henneberger Wappen**

krieg 1525 war sie eine der wenigen Burgen, die dem Ansturm standhielten. Ein
*Wappenstein der Henneberger* an der
Bäckerei Dähling erinnert heute noch an
diese Zeit. Im Dreißigjähren Krieg allerdings hatte die letzte Stunde der alten Festung geschlagen. Der Kroatenhauptmann
Isolani nahm die Burg ein und brannte sie
zusammen mit der Stadt nieder. Das letzte
Überbleibsel ist das *Tor zum Schloßplatz*
mit seiner herrlichen *Linde*. Zwei verheeren-
de Stadtbrände, die im Jahr 1858 innerhalb von einem Monat fast den ganzen
Ort vernichteten, sind der Grund, daß wir
heute kaum alte Bauten im Ort finden.

▽ **Kaltennordheim, Henneberger Wappen**

87

Das 19. Jh. brachte mit der beginnenden Industrialisierung im Feldatal große Armut. Das änderte sich erst, als 1880 die *Feldatalbahn* als Schmalspurbahn eröffnet wurde. Jetzt begann man Industrie anzusiedeln. Vor allem beim Basaltabbau und in der Möbelindustrie fanden viele Bewohner Brot und Arbeit. Heute hat Kaltennordheim

**Umpfen, Gasthaus Rhönbrise**

als Einkaufs- Schul- und Verwaltungszentrum überregionale Bedeutung. Der langsam aber sicher und stetig wachsende Fremdenverkehr wird in Zukunft eine wichtige Einnahmequelle der Ortsbewohner sein.

Wir gehen zum *Bahnhof der Feldabahn.* Linkerhand beginnt eine Allee zwischen dem Fluß Felda und der Bahn. Durch diese Allee wandern wir und überqueren bei der alten *Einödsmühle* den Mühlgraben und die Bahn. An einem ehemaligen Holzkohlewerk vorbei erreichen wir den interessanten *Naturlehrpfad.* Er führt am Fuß des alten Vulkankegels **Umpfen** bis nach Fischbach. Besonders hervorzuheben ist der

*Erdmeiler,* der am Weg aufgestellt wurde. Bis zum Beginn der industriellen Holzkohlefertigung wurde fast überall auf der Welt auf diese Weise die begehrte Holzkohle gebrannt. Dazu schichtete man Holzscheiter pyramidenförmig auf. Die beste Qualität ergab Buchenholz. Mit grünen Zweigen und Reisig wurde der Stapel abgedichtet und mit Erde bedeckt. Die sollte das unkontrollierte Eindringen von Luft verhindern. Das Holz wurde von unten her entzündet, die Luftzufuhr sorgfältig geregelt, daß keine offene Flamme entstand. Der Meiler glühte kegelförmig von innen nach außen durch. Die Verbrennungsgase zogen oben durch ein kleines Loch ab. War der Meiler durchgebrannt, verschloß man sorgfältig alle Öffnungen, so daß die Glut ersticken mußte. Nach dem Auskühlen konnte die Kohle entnommen werden.

Wir wandern am *alten Seeb* vorbei, einem Fischteich, der bereits im Mittelalter angelegt worden ist und der in den letzten Jahren wieder entsumpft wurde. Wenn man den Waldboden genau betrachtet, so sieht man flache Bodenterrassen. Es sind Reste von *mittelalterlichen Feldern,* die hier am Fuß des Umpfen angelegt waren. Das Gebiet am Westhang des Umpfen ist ein Paradies für Freunde seltener Pflanzen. Im späten Frühjahr blüht hier der Frauenschuh, die Nestwurz und das Rote Waldvögelein. Später findet man das Knabenkraut und den Sitter, die Braunrote Sumpfwurz. Sogar die unscheinbare Honigorchis kann man auf den mageren Böden noch entdecken, eine der seltensten Pflanzen ganz Europas.

Wir verlassen den Lehrpfad bei dem kleinen Dorf **Fischbach**, in dem wir herrliche, gut erhaltene Fachwerkhäuser bewundern können. Bei den ersten Häusern biegen wir rechts ab (nicht das Sträßlein

## ☞ AUF EINEN BLICK

🟧 **Gehzeiten:**
Kaltennordheim – Fischbach (1½ Std.) – Umpfen (2 Std.) – Kaltennordheim (3¼ Std.).

🟧 **Einkehr:**
Kaltennordheim und Gasthaus Rhönbrise auf dem Umpfen.

🟧 **Bademöglichkeit:** Kaltennordheim, Freibad.

🟧 **Sehenswertes:**
Kaltennordheim, Museum im Schloß, Ibengarten bei Dermbach. Empfershausen, Holzschnitzerdorf. Kaltensundheim, Kirchenburg.

🟧 **Auskunft:**
Fremdenverkehrsamt, Wilhelm-Külz-Platz 2, 36452 Kaltennordheim, Tel. 03 69 66/2 57.

🟧 **Wanderkarte:**
Topographische Karte 1:50 000 Thüringische Rhön.

zum Wasserreservoir nehmen) und gehen die Steinbruchstraße aufwärts. Bis 1978 wurde hier Basalt gebrochen. Bei der Gabelung nehmen wir den mittleren Weg, er führt zu einem geebneten Platz, einst die Umkehre für Kraftfahrzeuge. Hier wenden wir uns nach links, etwa 10 Min. später kommt erneut eine Wegverzweigung. Wir steigen jetzt rechts aufwärts zur obersten Trasse des Steinbruchs. Hier stoßen wir auf die Markierung des Rhönklubs. Wir wenden uns nach links, verlassen diesen Weg aber bei der ersten Möglichkeit nach rechts oben. Beim Sendemasten stehen wir dann auf dem Umpfengipfel, der allerdings wenig Aussicht bietet. Er ist rundum bewaldet. Im Wald kann man den Wall eines *Keltenlagers* finden. Auf der Fahrstraße sind wir in ein paar Minuten beim Gasthaus *Rhönbrise*, wo wir uns eine kräftige Brotzeit genehmigen können.

Von hier aus hat man eine herrlich-weite Aussicht über die Kuppen der nördlichen Rhön. Das wurde auch zu DDR-Zeiten genutzt, um Verwandten oder Bekannten im Westen ein direktes Lebenszeichen zu

geben. Man winkte hier oben mit einem großen weißen Leintuch, die Freunde im Westen, die am *Theobaldshof bei Tann* darauf warteten, erwiderten das Zeichen. Natürlich durfte man sich dabei von der Volkspolizei nicht erwischen lassen. Das hätte eine strenge Bestrafung nach sich gezogen.

Vom Gasthaus gehen wir an der rechten Hecke entlang abwärts bis zur Steinbruchstraße (roter Strich auf weißem Grund). Auf ihr wenden wir uns nach links bis ungefähr 50 m vor der Versorgungsstraße zum Gasthaus. Dort geht es wieder den Hecken entlang bis zum Steilabfall nach Kaltennordheim. Vom **Dachstein** aus ergibt sich ein schöner Tiefblick auf den Ort und das ganze obere Feldatal. Wir gehen den Weg bis zur Wasserreserve weiter, wenden uns nach rechts und marschieren durch die Wochenendhäuschen auf **Kaltennordheim** zu. Kurz vor Ortsbeginn führt links eine Feldstraße unmittelbar zum Parkplatz am Schwimmbad.

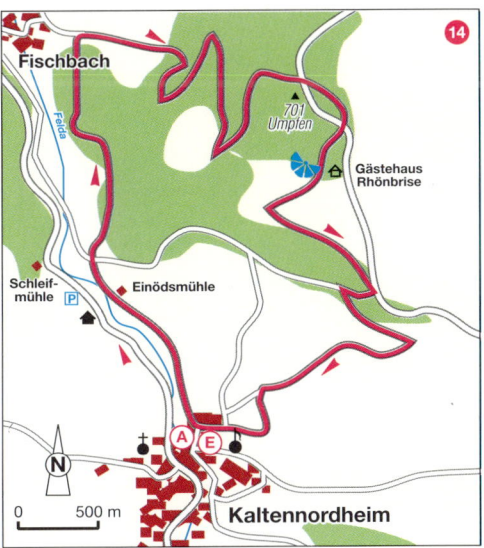

## 15 VON DERMBACH ZUM IBENGARTEN

Wandert man durch den Eibenwald, den Ibengarten bei Glattbach, so wird man doch ein wenig nachdenklich. Man steht vor Bäumen, die schon vor 800 Jahren gewachsen sind, als die letzten Kreuzzüge nach Osten aufbrachen, die Luther und die Schrecken des Dreißigjährigen Krieges gesehen haben könnten und hautnah den deutschen Bruderkrieg von 1866 miterlebt haben. Welches Lebewesen kann auf soviel Geschichte zurückblicken?

### ⮕ INFO ZUR TOUR

**Ausgangsort:**
Dermbach, Schloßhof.

**Anfahrt:**
Über die B 285 von Fladungen oder Vacha. Parkplatz im Schloßhof vor der Gemeindeverwaltung.

**Tourencharakter:**
Anspruchsvolle Wanderung, nur teilweise Schatten.

**Gesamtlänge:** 22 km.

**Reine Gehzeit:** 6 Std.

**Markierung:**
Roter bzw. grüner Winkel, grünes gefülltes Dreieck, Wegweiser.

Dermbach mit Schloß
und Pfarrkirchen

90

# EIN KLOSTER UND
# BÄUME AUS DEM MITTELALTER

D ermbach ist vermutlich um die Zeiten-
wende als keltische Siedlung entstanden. Seinen Namen hat es von den
drei Bächen bekommen, die durch den Ort
fließen. Aus dem lateinischen »tres« wurde
im Laufe der Zeit »Derm«. Der in der Rhön
übliche Streit um die Besitzrechte eskalierte
hier sogar zu einem Krieg zwischen den
Äbten von Fulda und dem Fürstentum Sach-
sen-Weimar. Vor 1945 war **Dermbach** ein
bedeutender Luftkurort. Die Gemeinde ist
heute noch stolz darauf, daß Ernest Hem-
mingway und der Wiskeyfabrikant Jonny
Walker hier Gäste waren.

**Föhlritz am Gläserberg, Dorfbrunnen**

Wir wandern zwischen den beiden *Kirchen* durch zur Marktstraße und weiter,
dem roten Winkel des Rhönklubs folgend,
langsam aus dem Ort. Oberhalb des
Freibades geht es kurz einige Treppen aufwärts zur *Fatimakapelle*. In einer großen
Wegschleife an Kirschbäumen vorbei kommen wir zu einem *Aussichtspavillon*, der

92

Neidhartshausen, Fachwerkhäuser

△ Glattbach, Rhönpaulus-Denkmal
◁ Zella, ehemaliges Schloß und Pfarrkirche

93

einen wunderschönen Blick über das Feldatal bietet. Schräg rechts gegenüber liegt der *Neuberg* mit seinem berühmten Eibenwald, den wir noch besuchen werden. Am Rand eines Nadelwaldes mit prächtigen Bäumen setzen wir unseren Weg fort, bis wir nach einem Hundeübungsplatz zu einer Wegkreuzung mit großen, alten Kastanien kommen. Wir wandern links weiter Richtung Dermbacher Hütte. Schon nach ca. 200 m zweigt der Weg zur Hütte rechts ab. Wir bleiben aber unten auf der Straße bis **Föhlritz**, wo wir uns am Dorfbrunnen mit seinem rätselhaftem Gesicht etwas erfrischen können.

**Glattbach, Naturschutzgebiet Ibengarten**

Ab hier wechselt die Farbe unserer Markierung von Rot nach Grün. Sie führt uns über die Teerstraße steil abwärts nach **Zella**, das einst Kloster der Fuldaer Äbte war. Entsprechend prächtig ist auch die *Kirche*. Ihre barocke Ausstattung lädt zu einem Besuch ein. Neben dem Gotteshaus steht das *Fuldaische Probsteischloß* von 1718, also der Verwaltungsbau des Bistums. Unterhalb der Schloßmauer führt

### ☞ AUF EINEN BLICK

🟠 **Gehzeiten:**
Dermbach – Zella (2½ Std.) – Neidhartshausen (3 Std.) – Glattbach (5 Std.) – Dermbach (6 Std.).

🟠 **Einkehr:**
In Dermbach, Zella und Neidhartshausen.

🟠 **Bademöglichkeit:** Dermbach, Freibad.

🟠 **Sehenswertes:**
Dermbach: Ev. und Kath. Kirche, Heimatmuseum, Holzschnitz- und Malkurse.

🟠 **Auskunft:**
Fremdenverkehrsbüro, Gemeindeverwaltung, 36466 Dermbach, Tel. 03 69 64/88 42, Fax 03 69 64/88 55.

🟠 **Wanderkarte:**
Topographische Karte 1:50 000 Thüringische Rhön, Fritsch Wanderkarte 1:50 000 Westlicher Thüringer Wald.

unser Weg in die Sportplatzstraße, hinter den letzten Häusern geht es rechts den Berg hinunter. Bei der Weggabelung halten wir uns links und wandern auf dem Feldweg am Bahngleis entlang. Eine Buschreihe zwingt uns zu einem kleinen Schlenker von der Bahn weg, der Weg führt aber sofort wieder zum Bahndamm zurück. Nach der Unterführung kreuzen wir die Bundesstraße und wandern in den Ort **Neidhartshausen**. Wir überqueren die Felda, gehen den Lutherberg hinauf und biegen in die Waldstraße ein. Hier verläßt uns unser grüner Winkel. Am Waldrand entlang marschieren wir nach Norden. Von dem Weg aus können wir die herrliche *Lindenallee* bewundern, die zwischen Neidhartshausen und Dermbach die Bundesstraße säumt. Hoffentlich wird sie nie von einem wild gewordenen Straßenbauer den »Notwendigkeiten« geopfert! Bei der Sitzgruppe und der darauffolgenden Weggabelung im Wald nehmen wir beidesmal den Weg links. Eine halbe Stunde etwa laufen wir so von Neidhartshausen her durch Felder und Wald bis zu einer Lichtung. Direkt am Weg steht ein Jägerstand, dessen Unterbau aus einem ausrangiertem Armeefahrzeug gebastelt wurde. Ein kurzes Stück weiter finden wir rechts einen auffälligen *Grenzstein* mit der Jahreszahl 1787, danach beginnt ein Hohlweg abwärts. Wir zweigen direkt beim Grenzstein nach rechts oben ab und treffen auf einen ausgebauten Forstweg, der mit einem grünen, gefüllten Dreieck gekennzeichnet ist. Wir folgen ihm rechts zum **Ibengarten**.

Wenn Sie diesen Weg nicht gefunden haben, ist das nicht tragisch. Dann gehen Sie auf dem Weg bis zum Waldrand und neben der Wacholderheide nach unten. Dort treffen Sie auf eine ungeteerte Feldstraße, die sich in einer großen Rechtskurve um die Heide herum nach oben zieht. Das gefüllte, grüne Dreieck führt Sie direkt zum Ibengarten.

Die Sage erzählt, einer der Grafen von Neidhartshausen hätte für seine Frau einen Garten mit vielen Eiben anlegen lassen. Nach ihrem Tode verfielen die Anlagen, nur die Bäume blieben und wurden zum Wald. Heute stehen sie unter strengem Naturschutz, ist es doch die einzige Stelle Deutschlands, an der noch so viele und so alte Eiben erhalten sind.

Etwas über dem Ibengarten ist die *Höhle*, die dem berühmten Räuber Rhönpaulus als Zuflucht diente. Johann Paul, wie er mit richtigem Namen hieß, kam 1736 unehelich auf die Welt. Seine Mutter starb bald. Von seinem Onkel aufgezogen lernte er die Welt nicht von ihrer schönsten Seite kennen. So ließ er sich vom preußischen Militär anwerben, doch der Drill behagte ihm überhaupt nicht. Bei der ersten Gelegenheit desertierte er, aber damit war er der unnachsichtigen Verfolgung der Behörden ausgesetzt. Es blieb ihm nichts anderes übrig, als sich in den Wäldern zu ver-

bergen. Er schlug sich mit Raub und Diebstahl durch, und weil er armen Leuten immer wieder etwas von dem gab, was er den Reichen abgenommen hatte, ging das lange gut. Schließlich rankten sich sogar Legenden um den Mann, der wohl in Wirklichkeit ein armer Teufel war, der verzweifelt ums Überleben kämpfte. Als er durch Verrat endlich dingfest gemacht war, endete sein armseliges Leben, wie damals Sitte, am Galgen.

Wir gehen auf dem markierten Weg zurück und kommen nach **Glattbach**. Am Dorfplatz steht der *Rhönpaulus* in Holz geschnitzt, neben ihm sein letztes Gefängnis, ein enger Holzkäfig. Unser Weg führt zur Bundesstraße, wir überqueren sie und können auf ihr, oder ein kleines Stück oberhalb auf einem Feldweg nach Dermbach zurückkehren.

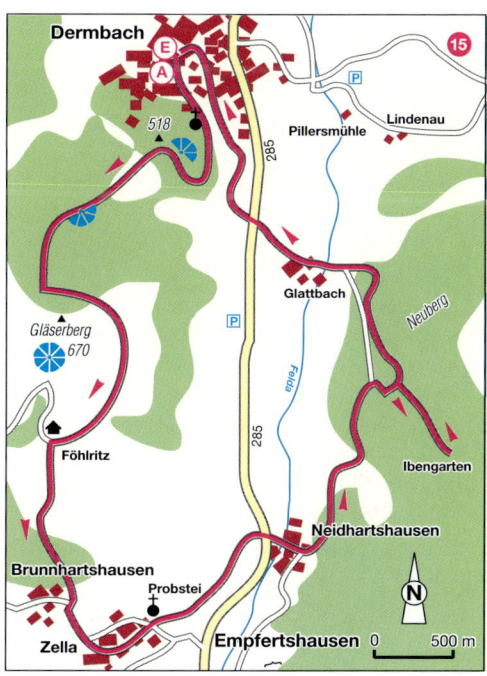

95

# ORTSREGISTER